AF281165

Joachim Knabe

Einfach führen mit der 4-Schritte-Delfin-Strategie

Einfach führen mit der 4-Schritte-Delfin-Strategie

Leadership – nächstes Level- im 21. Jahrhundert

Bibliografische Information der deutschen Nationalbibliothek:
Die deutsche Nationalbibliothek verzeichnet diese Publikation in der Deutschen Nationalbibliografie; detaillierte bibliografische Daten sind im Internet über dnb.dnb.de abrufbar.
Die automatisierte Analyse des Werkes, um daraus Informationen insbesondere über Muster, Trends und Korrelationen gemäß §44b UrhG („Text und Daten Mining") zu gewinnen, ist untersagt.

Lektorat: BoD, Mirko Partschefeld
Mitwirkende: Rene' Schröder, Lisa Hallbauer, Carola Schneidewind
Covergestaltung: luftleine.de- Tim Knoblauch, Coachconnect- Philipp Lust

Verlag: BoD • Books on Demand GmbH, In de Tarpen 42, 22848 Norderstedt
Druck: Libri Plureos GmbH, Friedensallee 273, 22763 Hamburg

ISBN: 978-3-7583-6634-5

Inhalt

Einfach führen mit der 4-Schritte-Delfin-Strategie

Leadership- nächstes Level- im 21. Jahrhundert

Vorworte

Meine Inspiration für dieses Buch nach über 40 Jahren gelerntem und gelebtem Leadership verbindet sich eng mit diesen zwei Zitaten.

1. *„Wenn du ein Schiff bauen willst, dann trommle nicht die Männer zusammen, um Holz zu beschaffen, Aufgaben zu vergeben und die Arbeit einzuteilen. Sondern lehre sie die Sehnsucht nach dem weiten, endlosen Meer.“*

Antoine de Saint-Exupéry

> *Frage dich jetzt:*
> *Kennst du dein „Warum“?*
> *Kennen es deine Mitarbeiter?*
> *Was ist ihr „Warum“?*

2. *„Es gibt für jeden von uns – auch für mich – eine Aufgabe, die nur ich erfüllen kann. Wenn ich sie nicht tue, so wird sie für immer unerledigt bleiben.“*

Joachim Knabe

Publius Vergilius Maro war ein römischer
Dichter und Epiker, der von 70 bis 19 vor Christus lebte.
Heute spricht man kurz von Vergil.
Eines seiner bedeutendsten Zitate zum Thema Führung ist das folgende:

„Menschen sind Musikinstrumente, ihre Resonanz hängt davon ab, wer sie berührt."

In diesem Zitat kommt mein Verständnis und meine Definition von guter Führung oder gutem Leadership klar zum Ausdruck.

„Ein guter Führer, ein guter Leader gibt den ihm anvertrauten Menschen, zum Beispiel den Mitarbeitern, Sicherheit und ein gutes Gefühl, er bringt sie also in die rechte Gehirnhälfte und geht mit ihnen gemeinsam einen Weg. Er weist ihnen den Weg, lässt sie aber allein gehen."

Genauso wie „Alpha" nicht bedeutet, der oder die Lauteste, Stärkste und Härteste im Raum zu sein, hat Führung nichts mit Befehlen oder Überlegenheit zu tun.

„Führung oder Leadership" ist ein viel zu oft missverstandener Begriff.
In diesem Buch möchte ich dir meine Ansichten von moderner Führung darlegen. Es wäre schön, wenn du einige davon in dein Mindset und in deinen Tagesablauf integrieren kannst.
Ich möchte mit meiner Delfinstrategie die Menschen inspirieren, die mit mir einig sind, dass Leadership ein lebenslanges Studium der jeweiligen Menschen, Strategien und Methoden bedeutet.

Wer dies für sich verinnerlicht, wird der beste Leader auf seinem Gebiet werden, der er sein kann. Er kann sich zu dem guten Leader entwickeln, der er immer sein wollte und den die Mitarbeiter seiner Firma oder dieses Land brauchen.

<u>Zu Beginn einige grundsätzliche Erklärungen</u>

Das Buch ist in der Du-Form gehalten, weil wissenschaftliche Untersuchungen zeigen, dass die „Du"- oder „Ich"-Form einen direkteren Weg zum Gehirn und Unterbewusstsein findet als das in Deutschland unpersönliche „Sie". Deshalb bitte ich dich hier zu Beginn des Buches um deine Erlaubnis, dass wir gemeinsam das „du" verwenden.

In diesem Buch will ich niemanden diskriminieren. Zur besseren Lesbarkeit wird in diesem Buch das generische Maskulinum verwendet. Die hier verwendeten Personenbezeichnungen beziehen sich – sofern nicht anders kenntlich gemacht – auf alle Geschlechter.

Der Begriff „Führer" ist im Deutschen aus bekannten Gründen seit vielen Jahren negativ besetzt. Der „Führer" in der Nazizeit war ein Tyrann, der viele Menschenleben vernichtet hat. Das steht für mich fest. Deshalb ist das Wort „Führer" in seiner negativen Konnotation nicht zu gebrauchen und gehört in die Geschichtsbücher.

Wenn ich heute von „Leadership", „(An-)Führer" und „Führung" in Unternehmen spreche, dann meine ich ausschließlich den Geschäftsführer, Unternehmensführer, Meinungsführer, Anführer, der die positiven, angestrebten Unternehmensziele erreichen und dem Unternehmenszweck dienen will. Dazu komme ich genauer in Kapitel 4.1, wo ich den Unterschied zwischen Beeinflussung und Manipulation erkläre.

In diesem Buch habe ich 40 Jahre Praxis und Studium im Leadership zusammengefasst. Gern teile ich meine Erkenntnisse mit niedergelassenen Ärzten, Unternehmerinnen und Unternehmern, Selbstständigen sowie allen Führungskräften, die ihre Führungsqualitäten verbessern wollen.
Hier stelle ich dir verschiedene bewährte Strategien vor. Prüfe sie bitte sorgfältig und integriere sie dann in deinen beruflichen Alltag, wenn sie zu deinem Führungsstil und zu deinen Herausforderungen passen, gern mit Committment.

Die hier vorgestellten Strategien unterstützen dich dabei, deine Führungsqualitäten zu entwickeln, damit du deine Mitarbeiter zu Bestleistungen führen kannst, um sie an deiner Vision teilhaben zu lassen. Damit werden sie bereit sein, täglich ihr Bestes zu geben – für deine Firma und für dich. Dieses Buch enthält einen Werkzeugkasten und Wegweiser für deine täglichen Führungsaufgaben. Nutze ihn, arbeite mit ihm und dein Leadership wird sich erfüllen.

<u>**Frage an dich**</u>

Schaffst du es schon, in jedem Gespräch mit deinen Mitarbeitern immer mit einer Leichtigkeit das gewünschte Ergebnis zu erzielen, egal wie du oder dein Gegenüber drauf sind?

Wenn du diese Frage mit „nein" beantwortest, dann sind die Inhalte dieses Buches für dich genau das Richtige.

Das hat folgende Vorteile in deinem Führungsalltag:

1. <u>**Arbeit und Beruf**</u>

   - typgerechte und situationsbezogene Führung sowie zielgerichteter, ergebnisorientierter und störungsfreier Umgang mit anderen (Mitarbeitern, soziales Umfeld und Familie)
   - Aufbau eines leistungsstarken und motivierten Teams
   - leichtere Personalauswahl und Personalentwicklung
   - bessere und positive Beziehungen
   - Entwicklung deiner Verhaltensflexibilität
   - dich und andere besser und schneller zu erkennen und zu verstehen
   - leichterer Umgang mit den Mitmenschen in Krisen- und Konfliktsituationen
   - der passende Mitarbeiter an der richtigen Stelle

2.   Persönlicher Bereich

- bessere und positivere Beziehungen
- Verbesserung deiner Verhaltensflexibilität
- in allen Gesprächen immer souverän sein
- Entfaltung deiner eigenen Persönlichkeit
- Entdecken deines Lebenszwecks und deiner Vision
- das eigene Potenzial bestmöglich entwickeln

Du kannst der beste (……………………….) werden, der du immer sein wolltest!
Setze hier bitte deinen Vornamen ein.

Denke bitte an unser Commitment! Jetzt kannst du dich verpflichten:
Ich will der beste…………………………………. werden, der ich sein kann!
Ich will der beste Leader werden, der ich sein kann!
Leadership wird ein lebenslanger Lern- und Studienprozess für mich!

1.   Der Delfin als Leittier

Warum habe ich persönlich für mich den Delfin als Vorbild und Leittier gewählt?

Viele erfolgreiche Menschen haben verschiedene starke Tiere und deren vorrangig erkennbare Eigenschaften als Leitbild gewählt, so zum Beispiel den Adler, der hoch in der Luft über allen schwebt, oder den Löwen als König der Tiere oder aber den Wolf als Anführer eines Rudels.
Welches soll dein Tier werden? Die Grundlage für diese Entscheidung bilden hier immer die von den Menschen beschriebenen und erwarteten Eigenschaften.

Der Delfin wird heute nicht mehr so oft als Vorbild für bestimmte Charaktereigenschaften gepriesen. Dabei hat gerade er traditionell für den Menschen eine große Rolle in vielen Lebensbereichen gespielt.

Für mich verkörpert der Delfin alle meine Hauptwerte wie Freiheit, Kraft, Schnelligkeit, Zielstrebigkeit, Lebensfreude, Teamfähigkeit und Familienleben.

Hast du schon mal einen ängstlich schauenden Delfin gesehen? Delfine haben dem Menschen heute viel voraus. In puncto Zielstrebigkeit, Optimismus und Lebensfreude können wir viel von ihnen lernen.

Über das Leben und die Eigenschaften dieser Tiere gibt es sehr viel Literatur, deren Studium ich an dieser Stelle gern empfehle.

Wissenswertes über Delfine kurz zusammengefasst

Lebensraum

Delfine sind im Wasser lebende Säugetiere, die – entgegen der weitläufigen Meinung – mit den Walen und nicht mit den Fischen verwandt sind. Beheimatet sind die Delfine in fast allen Weltmeeren, wobei das konkrete Verbreitungsgebiet je nach Delfinart variiert. Der bekannteste Delfin ist der Große

Tümmler, der nicht nur im Mittelmeer und im Schwarzen Meer, sondern auch in tropischen Meeren vorkommt. So findet man Delfine nicht nur im Atlantik und Pazifik, sondern auch im Indischen Ozean. Das heißt, der Lebensraum der Delfine erstreckt sich von Nordamerika über Südamerika und Afrika bis nach Europa, Asien und Australien.

Mythologie

In vielen Teilen Europas und Afrikas wie Griechenland und Ägypten wurde der Delfin mit Sanftmut, Liebe und Weiblichkeit assoziiert, weshalb man ihn der griechischen Liebesgöttin *Aphrodite* und der ägyptischen Liebesgöttin *Isis* zuschrieb. Er soll angeblich den Schoß der Frau verkörpern. Die Bezeichnung „Engel des Meeres" etablierte sich mit der Zeit, nachdem die Delfine viele Menschen auf unterschiedlichste Weise auf hoher See das Leben retteten. Laut griechischer Mythologie sollen Delfine die Seelen der Toten nach *Elysion*, der „Insel der Seligen", geleiten. Nach *Elysion* kamen häufig nur Helden und Menschen, die von den Göttern geliebt wurden und denen sie Unsterblichkeit schenken wollten. *Elysion* stellt ein Paradies wie den biblischen Garten dar, wo es an nichts mangelt und jeder mit ewigem Leben gesegnet ist. Auch im Mittelalter wurde der Delfin besonders verehrt, was man daran erkennt, dass er häufig als Wappentier verwendet wurde.

Delfine und Medizin

Schwimmt der Delfin als Krafttier in dein Leben, gilt es Freude, Leichtigkeit und Verspieltheit neu zu entdecken. So wie auch der Delfin ein feinfühliges Wesen ist, sollst du dir deiner Sensibilität bewusstwerden und sie nicht länger als unwichtige oder störende Gefühlsduselei abtun. Lerne, damit umzugehen und sie richtig einzusetzen, dann kannst du dein Leben wahrlich bereichern und leichter an die gesteckten Ziele kommen. Das Krafttier Delfin kann nicht nur Stimmungen, sondern auch Gedanken telepathisch wahrnehmen, was darauf hinweist, dass dir für deine aktuelle Lebensphase eine ähnliche Fähigkeit zuteilwird. Vielleicht hast du derzeit das Gefühl, immer zu wissen, wie es anderen geht und was sie wirklich denken oder vielleicht weißt du sogar schon vorher, was andere sagen wollen, und du nimmst ihnen die Worte aus dem Mund.

Gib anderen auch die Möglichkeit, ihre Gedanken und Gefühle selbst auszudrücken und darüber zu sprechen – auch wenn du schon weißt, um was es geht. Nutze diese Fähigkeit vielmehr, um dein Einfühlungsvermögen zu stärken und die passenden Schritte vorzubereiten. Dann fühlen sich andere in deiner Nähe nicht nur wohl, sondern auch sicher.

Der Delfin als Krafttier bringt dir aber auch die richtige Medizin der Farben, der Töne und der richtigen Kommunikation. Kommt also der Delfin als Krafttier in dein Leben, dann sehnt sich auch deine Seele nach Ausdruck und Verwirklichung.

Finde heraus, was dir liegt und werde kreativ – zum Beispiel durch Zeichnen, Musizieren, Werken, Singen oder Schreiben.
Finde deine persönliche Seelenmedizin, damit du daraus immer Kraft schöpfen kannst. Kommt also der Delfin als Krafttier in dein Leben, führt er dich zurück zur göttlichen Quelle, in der du Halt, Zuflucht und neue Hoffnung findest.

Darüber hinaus spendet das Krafttier Delfin Trost und öffnet dein Herz für die Liebe. Sei fröhlich, keck und hilfsbereit wie der Delfin, der voller Übermut und Lebensfreude durch die Meere springt und schwimmt, dann wird dir die Krafttiermedizin des Delfins wie von selbst zuteil.

Schwimm mit dem Delfin durch den Ozean des Lebens und spring mit ihm bei aufkommenden Hindernissen wie über Wellen, und lerne so, die Wellen des Lebens zu reiten!

Traumdeutung

Taucht, springt oder schwimmt ein Delfin durch deine Träume, kündigt er Glück, Heilung und Segen an. Du stehst jetzt unter einem besonderen Schutz der geistigen Welt und wirst in universelles Wissen eingeweiht, das für deine spirituelle Entwicklung wichtig ist.

<u>**Was können wir von Delfinen lernen?**</u>

1. **Nächstenliebe**

   Delfine verhalten sich oft altruistisch, das heißt selbstlos und aufopferungsvoll. Bekannt sind Fälle, in denen Delfine Menschen vor dem Ertrinken retteten.

2. **Gesunde Bewegung**

   Delfine sind faszinierende Wassersportler. Sie erreichen Geschwindigkeiten bis zu 55 km/h und können mehr als 5 m hochspringen.

3. **Gute Kommunikation**

   Delfine haben hoch entwickelte Kommunikationsformen.

   Sie kommunizieren durch unterschiedliche Töne wie Pfeifen, gepulste Töne oder klickende Geräusche. Der individuelle Pfeifton bildet sich im ersten Lebensjahr heraus und bleibt dann ein Leben lang. Das ist sein Name und alle anderen Artgenossen erkennen ihn daran.

4. **Unternehmensstrategie**

   Delfine benutzen eine effektive Jagdstrategie. Bei der Jagd nach Nahrung arbeiten die Tiere zusammen und wenden eine effektive Jagdtechnik an.

5. **Coaching**

   Delfine leben in geselligen Gruppen zusammen (bis zu 1000 Tiere pro Schule) und zeigen ein unglaublich soziales Verhalten. Sie sind in der Lage zu lernen, ihr eigenes Wissen weiterzugeben, Werkzeuge zu benutzen und zusammenzuarbeiten.

6. **Selbstbewusstsein**

   Delfine haben ein Selbstbewusstsein – das stellt in diesem Fall die Fähigkeit dar, sein Spiegelbild auf sich selbst zu beziehen. Das wurde bisher nur beim Menschen und höheren Affenarten beobachtet.

7. **Selbstständigkeit**

Das Ich-Bewusstsein der Delfine ist die Grundlage für ihre Selbstständigkeit.

8. **Therapeut/Empathie**

Delfine trauern um ihre Artgenossen. Aufgrund ihrer Empathie werden sie oft als Therapeuten für Behinderte eingesetzt.

Delfine werden seit der Antike sehr geschätzt, geliebt und bewundert.

Delfine sind nur Tiere, aber sie haben in ihrem Verhalten uns Menschen viel voraus.
Sie zeigen uns:

Das Leben ist ein Spiel

Manchmal verlieren wir ein Spiel. Dann müssen wir aber trainieren und die Spielweise ändern, das bedeutet eine andere Taktik erproben, um zu gewinnen.
Du solltest immer spielen, um zu gewinnen und niemals, um nicht zu verlieren.

Freiheit ist ein hoher Wert (vielleicht für viele von uns der höchste!)

Streben wir nicht alle nach mehr Freiheit: in unseren Entscheidungen, in unserem Handeln? Jeder von uns hat es in der Hand, was er aus seiner großen Chance, auf diesem wundervollen Planeten zu leben, macht.
Wenn du dich aber aus der breiten Masse abheben willst, hast du einerseits einen besonderen (höheren) Preis dafür zu bezahlen und wirst dann andererseits aber auch viel besser belohnt!

Freiheit ist vielleicht der höchste Wert für alle, die mehr Erfolg anstreben!

<u>Wir sollten bei allen Tätigkeiten Lebensfreude erfahren – und keinen Frust</u>

Alle Aufgaben, die uns gestellt werden, sollten gewissenhaft und mit Liebe erledigt werden. Wäre es hier nicht sinnvoll, Aufgaben, die uns keinen Spaß machen, an andere mit Stärken genau auf diesen Gebieten zu delegieren und uns dann auf Aufgaben, die unseren Stärken mehr liegen und damit viel besser erledigt werden können, zu konzentrieren? Damit kommt viel mehr Lebensfreude auf.

Wenn wir es schaffen, uns von Angstmachern, negativen Nachrichten, Energieräubern und falschen Informationen zu distanzieren, haben wir schnell mehr Lebensfreude und Frust wird immer mehr zum Fremdwort.

Am besten geht es im Leben mit organisiertem Teamwork
Entscheidend für unseren Erfolg ist es immer, dass wir über ein gutes Netzwerk verfügen, auf das wir uns verlassen können. Ich nenne das **Experten-Netzwerk.**

Erfolg geht nur gemeinsam. Das bedeutet: Der oder die Einzelne entwickelt Fähigkeiten, und als funktionierende Gruppe/Gemeinschaft kann man dann Großes bewirken. Allein wäre das viel schwieriger. Das heißt, man braucht Fähigkeiten und Reziprozität.

Das fängt bei der Unterstützung durch unsere Familie an, setzt sich am Arbeitsplatz fort und hört beim Bekannten- und Familienkreis noch nicht auf. Eine gute Vernetzung ist die Grundlage für überdurchschnittlichen Erfolg und macht den Unterschied.

Bist du schon Mitglied in einem anerkannten Experten-Netzwerk?

Jetzt können wir bequem eine Brücke zum Leadership schlagen.

Für mich ist Leadership die Königsdisziplin im Zusammenleben und Zusammenarbeiten und in der Kommunikation der Menschen.

In der Bedürfnispyramide nach Maslow zeige ich dir, wo ich das Leadership platziere.

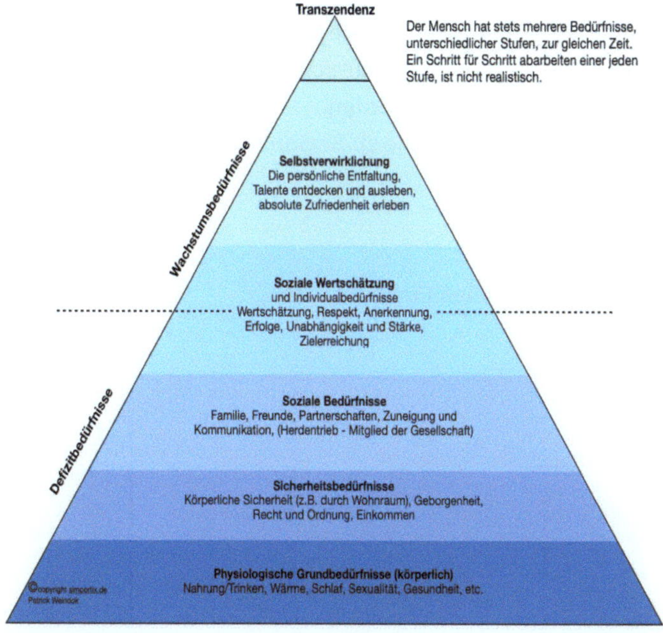

Leadership findets du in den drei oberen Teilen

Der Bedürfnispyramide nach Maslow

Jeder gute Leader ist also in dem Bereich der Selbstverwirklichung

2. Dein Führungs-Mindset

Simon O. Sinek ist ein britisch-US-amerikanischer Autor und Unternehmens-berater. Er hat ein Leadership-Konzept entwickelt, den **Golden Circle**. Bei dem **Golden Circle** geht es um drei Kern-Aspekte, sie bilden eine Formel, die Unternehmen und Organisationen erfolgreich machen soll, indem die richtigen Fragen gestellt und beantwortet werden.

Ich möchte diesen Golden Circle zu Beginn meines Buches für dich kurz erklären.

Das ist ein Bild vom Golden Circle:

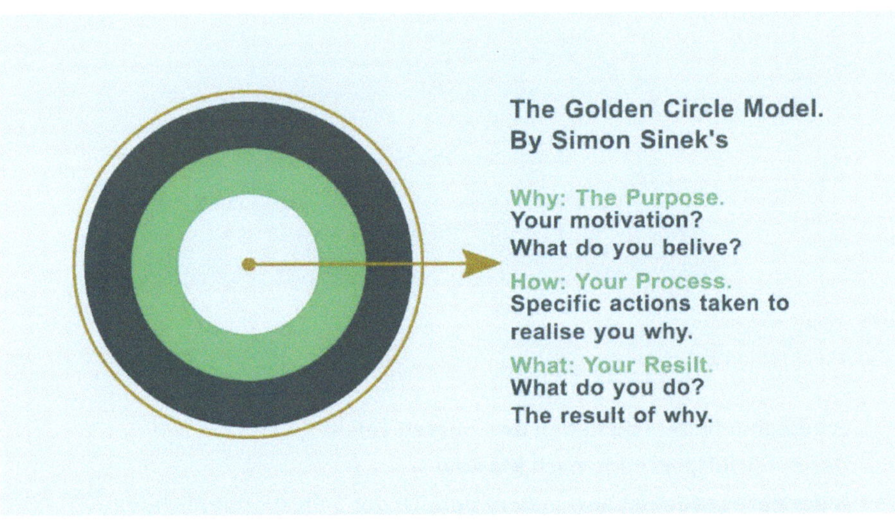

Innen ist also das „Warum"- deine Motivation, Was wünscht du?
Dann kommt die Frage: „Wie machen wir es?"-unser Prozess und Aktivitäten
Und außen ist das „Was machen wir?", das ist das Resultat des „Warum"

THE GOLDEN CIRCLE AND THE BRAIN
Simon Sinek

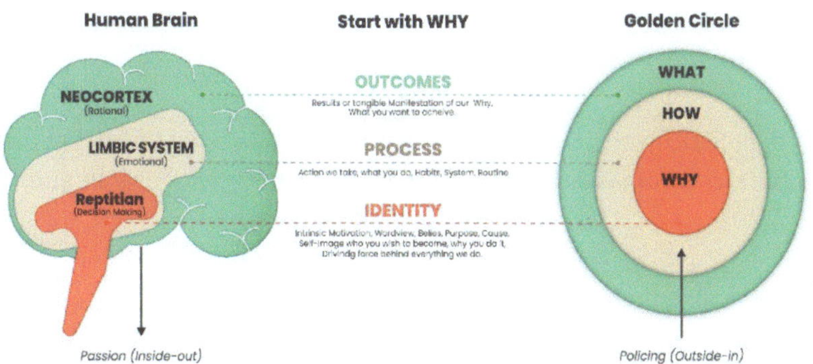

Das menschliche Gehirn ist exakt in drei Bereiche aufgeteilt, die diesem Golden Circle entsprechen.

 Das passiert nach den Grundsätzen der Biologie!

Die Unternehmen Apple und Harley-Davidson machen es uns beispielhaft vor: Steve Jobs hatte mit dem iPhone folgende Vision: Er wollte die Welt verändern und ein Gerät entwickeln, das Internet, Telefon und zahlreiche weitere Funktionen vereint und mit einem Finger bedient werden kann.
Beide Hersteller vermitteln ein Lebensgefühl. Mit diesem Gefühl verbinden sich die Kunden. Nur so lässt sich erklären, warum diese Marken so viele Fans haben.

Menschen kaufen nicht, was Hersteller tun, sondern warum sie es tun! Was ist der höhere Sinn hinter ihren Produkten?
Das Ziel ist es nicht, mit allen Geschäfte zu machen, die tun, was du tust!
Das Ziel muss es sein, den Menschen etwas zu verkaufen, die glauben, was du glaubst! Du musst ihnen also deine VISION vermitteln.

2.1 Die SDWA-4-Analyse = Systemdynamische Werteanalyse

Wir beginnen bei all unseren Trainings mit dem Feststellen und Trainieren des Unternehmer-Mindsets.

Nach dem Sprichwort ***„Der Fisch beginnt beim Kopf an zu stinken"*** ist das die grundsätzliche Voraussetzung für eine erfolgreiche Entwicklung als guter Leader.

Wir stellen also zuerst die Frage: „Wer führt den Führer?"
Dafür müssen wir herausfinden, wie der Führer wirklich funktioniert oder anders formuliert: **Wie er tickt!**

Oft haben mir schon niedergelassene Ärzte gesagt: „Für meine Mitarbeiter wäre solch ein Training gut, aber bei mir ist das nicht notwendig." Ich kann euch aus Erfahrung sagen, bei diesen Leadern wäre es gerade notwendig gewesen.

Deshalb erkläre ich euch hier in diesem Kapitel die SDWA-4-Analyse:
Was ist unsere SDWA-4-Analyse?
Die Systemdynamische-Werteanalyse besteht aus vier Schritten bzw. Teilbereichen.

Jeder Mensch ist einzigartig und verfügt über außergewöhnliche Talente und Fähigkeiten. Dieses Analysetool soll Individuen dabei unterstützen, ihr wahres Potenzial zu erkennen und zur vollen Blüte zu bringen.

Im Vordergrund der Systemdynamischen Werteanalyse steht die Entwicklung des Menschen. Dabei geht es in erster Linie um die Entdeckung der eigenen Persönlichkeit mit all ihren Stärken und Schwächen (Nichtstärken) sowie deren Besonderheiten. Das Verständnis der eigenen Person ermöglicht einen differenzierten Blick auf sich selbst und die Welt. Dadurch kann man ein hohes Maß an Verhaltensflexibilität entwickeln, die die Voraussetzung dafür schafft, äußerst anpassungsfähig auf unterschiedlichste Menschen und Situationen zu reagieren.

Die Suche nach Selbsterkenntnis ist ein uraltes Thema der Menschheit und vermutlich auch einer der Gründe, warum wir schreiben und lesen gelernt haben.

„Erkenne dich selbst" lautete die Inschrift über dem Eingang des Apollo-Tempels in Delphi, einem der wichtigsten griechischen Heiligtümer des Altertums. Das Orakel von Delphi forderte die Menschen auf, sich selbst zu erforschen und ermutigte sie zur Selbstreflexion und Selbsterkenntnis. Die Inschrift, ein wesentlicher Grundsatz für persönliches Wachstum und Weisheit, diente denjenigen, die beim Orakel Rat suchten, als Erinnerung daran, dass wahre Weisheit damit beginnt, sich selbst zu verstehen.

Wenn man sich selbst besser kennt (seine Programmierungen, Glaubenssätze und Verhaltensweisen), kann man auch seine Gesprächspartner schneller besser einschätzen und dadurch eine echte Bereicherung für das eigene Leben und für das direkte Umfeld sein.

Die Voraussetzung ist: Man (er)kennt sich selbst besser und kann an seinen Stärken arbeiten (sie stärken) und/oder seine „Schwächen schwächen".

Die gesamte Kommunikation kann auf ein wesentlich höheres Niveau gebracht werden.

Coaching und Training:

Vier aufeinander aufbauende Auswertungsebenen mit tiefgreifenden
Vorteilen und Nutzenaspekten – Zusammenfassung:

Arbeit und Beruf:

- typgerechte und situationsbezogene Führung und störungsfreier Umgang mit anderen (Mitarbeiter, soziales Umfeld und Familie)
- Aufbau eines leistungsstarken und motivierten Teams
- einfachere Personalauswahl und Personalentwicklung
- bessere und positivere Beziehungen
- Entwicklung von Verhaltensflexibilität
- sich und andere besser zu kennen und zu verstehen
- leichterer Umgang mit anderen in Krisen- und Konfliktsituationen
- der passende Mitarbeiter an der richtigen Stelle

Persönlicher Bereich:

- bessere und positivere Beziehungen
- Entwicklung von Verhaltensflexibilität
- sich und andere besser kennen und verstehen lernen

Entfaltung der eigenen Persönlichkeit:

- Entdecken des Lebenszwecks und der Vision
- das eigene Potenzial bestmöglich entwickeln
- Erkenntnisse:
  - **Typologie**
  - **Authentizität bzw. Glaubwürdigkeit**
  - **Glaubenssysteme mit Verboten (Don'ts) und Zwängen (Musts)**
  - **Systemdynamiken und Werte**
- **Systematische Analyse der persönlichen Programme** (basierend auf wissenschaftlichem Fundament)
- perfekt für die Ist-Stand-Analyse mit den entsprechenden Zielen und Bedürfnissen
- optimales Aufzeigen von destruktiven Glaubenssätzen
- leichte Integration von anderen Modellen und Interventionen möglich

2.2   Die SDWA-4-Analyse in der Praxis

Jeder Mensch ist ein „Unikat" und verfügt über seine eigenen Talente und Fähigkeiten. Dieses Analysetool soll Menschen dabei unterstützen, ihr wahres Potenzial zu erkennen und weiterzuentwickeln. Bei der Systemdynamischen Werteanalyse geht es in erster Linie um das Erkennen der eigenen Persönlichkeit mit all ihren Stärken und Schwächen (Nichtstärken) sowie deren Besonderheiten. Das Verständnis der eigenen Person ermöglicht einen differenzierten Blick auf sich selbst und die Welt. Wenn ich mich selbst besser (er)kenne, kann ich auch meinen Gesprächspartner schneller und besser einschätzen. Dadurch gelingt es mir, flexibel und professionell auf unterschiedlichste Gesprächssituationen zu reagieren.

Ziel dieser Analyse ist es unter anderem, die Toleranz und vor allem die Akzeptanz zur Andersartigkeit bei sich selbst und von anderen Menschen zu entwickeln. Dies ermöglicht es, einfacher, leichter, wertschätzender und friedlicher miteinander umzugehen und sorgt damit für dauerhaft und nachhaltig gute Beziehungen.

Der Anspruch eines jeden Lernenden dieses Systems sollte die Kultivierung guter sozialer Beziehungen sein, damit das eigene Leben farbiger und facettenreicher gestaltet werden kann. Wenn man sich selbst besser kennt (seine Programmierungen, Glaubenssätze und Verhaltensweisen), kann man seine Gesprächspartner schneller besser einschätzen und dadurch eine echte Bereicherung für das eigene Leben und für das direkte Umfeld sein.
Dies ist der tiefere Sinn und Grund für die Systemdynamische Werteanalyse.
Grundprinzipien:

1. Verantwortungsbewusstsein: Verantwortungsvoller Umgang mit dem Erlernten
2. Win-win-Prinzip: Alle Beteiligten sollen gewinnen
3. Stärken stärken und Schwächen schwächen: Konzentration auf die Stärken

4. Toleranz und Akzeptanz: Verständnis und Empathie für Andersartigkeit
5. Transparenz: offener und ehrlicher Umgang
6. Ganzheitlichkeit: Integration verschiedener Methoden zum Wohle des Gegenübers bzw. der Klientin oder des Klienten
7. Beeinflussung (positiv) ist erlaubt, Manipulation ist verboten

Wir analysieren dich in einem ersten Schritt für unser weiteres Coaching.
Du hast auch die Möglichkeit, dich bei uns als SDWA-Analyst oder - Profiler ausbilden zu lassen.
Die Ausbildung ist so aufgebaut, dass sowohl der Anfänger, der sich zum ersten Mal mit einem Typologie-System beschäftigt, als auch der bereits erfahrene Profi aus den Bereichen Coaching oder Training eine fundierte und leicht verständliche Ausbildung erhält.
Außerdem eignet sich diese Ausbildung besonders für Führungskräfte, Unternehmer sowie für Mediatoren und Konfliktmanager.

<u>Vorteile und Nutzen der Ausbildung</u>

<u>Coaching und Training</u>

- **Auswertung der Persönlichkeit umfassend und als Alleinstellung im Markt**
- **4 aufeinanderfolgende Auswertungsebenen mit tiefgreifender Analyse:**
    1. **<u>Typologie</u>**
    2. **<u>Authentizität</u>**
    3. **<u>Glaubenssysteme</u>**
    4. **<u>Systemdynamiken und Werte</u>**

<u>Anwendungsfelder:</u>

Coaching und Training bzw. Ausbildung
Führung und Führungskräfteentwicklung
Teambildung
Personalauswahl und Personalentwicklung
Kommunikationstrainings
Meditation und Konfliktmanagement

Entwicklung von Unternehmensprinzipien und Unternehmensleitbildern
Marketing und Verkauf
Verhandlungstraining

Dieses System hat sehr viele Anwendungsfelder, und die hier aufgeführten haben keinen Anspruch auf Vollständigkeit. Du wirst sicherlich viele weitere finden. Gerade die vielseitige Einsetzbarkeit macht die Systemdynamische Werteanalyse so besonders.
Jeder Mensch sollte ein tieferes Verständnis für die eigene innere Welt und die äußeren Umstände entwickeln.

Die Innenwelt ist immer ein Spiegelbild der Außenwelt:

„Wie innen so im Außen, wie im Außen so innen."

2.3   Geschichte

Im Bereich des Trainings, der Psychologie, im Coaching, im Marketing und natürlich in der Kommunikation war es schon immer hilfreich, das Individuum gut einschätzen zu können. Dafür haben die Menschen **verschiedenste Typologie-Modelle** entwickelt.

Seitdem es Menschen und auch Tiere gibt, findet bei jeder Interaktion eine Einschätzung des Gegenübers statt. Er/sie wird gemustert, taxiert und beobachtet, um so zu prüfen: „Bist du Freund oder Feind?" „Bist du von meiner Sippe?" „Kann ich dir vertrauen?"

Dieser Prozess läuft unterbewusst ab, weil er existenziell ist, um das eigene Überleben oder das der Familie zu sichern. Auch bei der Partnerwahl findet eine Bewertung statt. Daher liegt es in der Natur des Menschen, andere einschätzen zu wollen.

Aus diesem natürlichen Verhalten wurde dann nach und nach eine Wissenschaft. Viele Gelehrte haben sich mit diesem Thema beschäftigt.
Nachfolgend sollen einige Beispiele erläutert werden.

Sternzeichen

Die Tierkreiszeichen der westlichen Kultur sind: Wassermann, Fisch, Widder, Stier, Zwilling, Krebs, Löwe, Jungfrau, Waage, Skorpion, Schütze und Steinbock. Jedem dieser Sternzeichen werden typische Eigenschaften zugesprochen.

Auch in anderen Kulturen gibt es solche Einschätzungen, zum Beispiel gibt es in China die Zeichen Ratte, Büffel, Tiger, Hase, Drache, Schlange, Pferd, Ziege, Affe, Hahn, Hund und Schwein.

Griechische Götter

Die bekanntesten Götter sind: Zeus, Hera, Poseidon, Athene, Aphrodite, Hermes, Hades usw.

Jedem dieser Götter wurden bestimmte Eigenschaften zugesprochen, mit welchen man sich als Mensch entsprechend identifizieren konnte.

Zeus, Poseidon, Hades, Demeter – Fruchtbarkeit
Atlas – trägt die Erde – ist geduldet
Kronos – Vater von Zeus – Zeit, Gott
Aphrodite – Schönheit, Leidenschaft
Apollon – Heilung, Reinheit, Licht
Hermes – Gott der Reisenden

Traditionelle chinesische Medizin – TCM

Die traditionelle chinesische Medizin kennt **die fünf Elemente Feuer, Erde, Metall, Wasser und Holz.** Diese werden unter anderem in der Medizin, bei der Ernährung und der Charakterisierung genutzt.

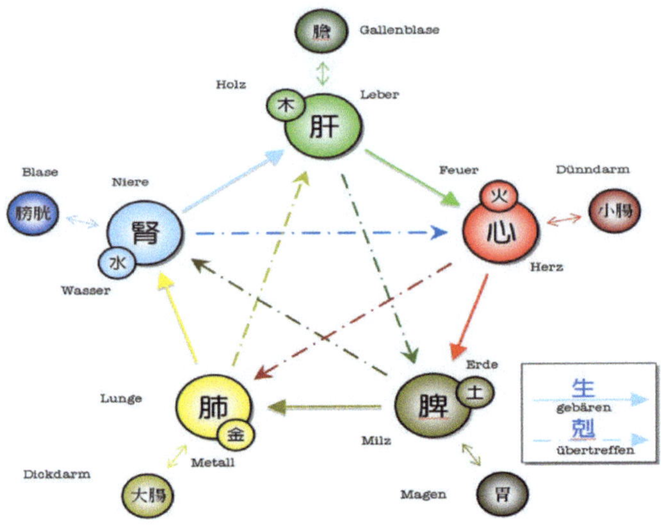

Quelle: https://de.wikipedia.org/wiki/Traditionelle_chinesische_Medizin#/media/Datei:Fuenf_wandlungsphasen.jpg

Außerdem gibt es eine Wechselwirkung zwischen Yin und Yang. Diese repräsentieren die Gegensätze, zum Beispiel Leere – Fülle, innen – außen, Kälte – Hitze.

Bild: Yin und Yang

Im Altertum und dem Mittelalter sind weitere Richtungen entstanden.
Zu den bekanntesten gehören die „Vier-Säfte-Lehre" von den antiken Ärzten
Hippokrates und Galen. Diese Lehre wurde zu Beginn zunächst im Bereich Physiologie und Medizin eingesetzt. Später fanden diese Grundlagen auch Einzug
in der Temperamentslehre.

Willens- bzw. Gefühlsverlauf		
	schnell	langsam
stark	gelbe Galle → Choleriker	schwarze Galle → Melancholiker
schwach	Blut → Sanguiniker	Schleim → Phlegmatiker

Sinneskanäle

Selbst die Sinne des Körpers lassen eine Typenbestimmung zu. Man kann visuell (sehen), auditiv (hören), kinästhetisch (fühlen), olfaktorisch (riechen) oder gustatorisch (schmecken) veranlagt sein.

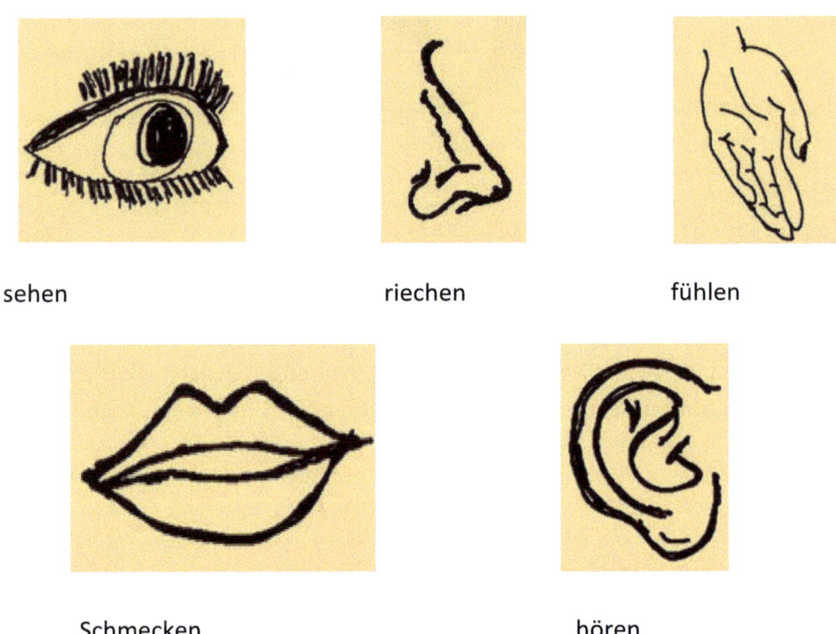

<table>
<tr><td>sehen</td><td>riechen</td><td>fühlen</td></tr>
</table>

Schmecken   hören

Anfang des 20. Jahrhunderts zogen die Typologie-Modelle in die Wissenschaft ein. Besonders wurden diese in der Philosophie und der sich daraus entwickelnden Psychologie erforscht und angewandt.

<u>Zur Verdeutlichung folgen entsprechende Beispiele:</u>

Die zwölf Archetypen

Die Archetypen wurden von dem schweizerischen Psychiater und Psychoanalytiker Carl Gustav Jung entwickelt. Dabei werden zwölf charakterliche

36

Urbilder dargestellt, die in dem Menschen unbewusst mit den gleichen Emotionen und Verhaltensmustern assoziiert sind.

Ordnung und Struktur	Erfühlung und Sehnsüchte	Verbindung und Beziehung	Veränderung und Kampf
Der Betreuer	**Der Unschuldige**	**Der Liebende**	**Der Rebell**
mitfühlend	demütig	wohltuend	aufrührerisch
fürsorglich	ehrlich	leidenschaftlich	disruptiv
selbstlos	uneitel	sinnlich	kämpferisch
Der Herrscher	**Der Weise**	**Der Narr**	**Der Zauberer**
selbstbewusst	bestärkend	optimistisch	magisch
dominant	wissend	spielerisch	visionär
kultiviert	führend	neckisch	idealistisch
Der Schöpfer	**Der Entdecker**	**Der Jedermann**	**Der Held**
kreativ	unabhängig	authentisch	integer
inspirierend	furchtlos	bescheiden	mutig
provokativ	abenteuerlustig	freundlich	aufrichtig

DISC-Modell

Ein grundlegendes Modell für die Persönlichkeitsanalyse ist die DISG-Theorie (eng. DISC), welches von William Moulton Marston und John G. Geier 1928 entwickelt wurde.

Derzeit befinden sich in vielen aktuellen Typologie-Modellen die Strukturen von DISG wieder. Dazu gehören zum Beispiel das Insights-Modell und das Persönlichkeitsmodell der Persolog GmbH.
Auch dieses System analysiert die einzelnen Phasen. Offenkundig sind die Farben und die dazugehörigen Basiseigenschaften.

D   Dominant: egozentrisch, direkt, anspruchsvoll usw.

I   Initiativ: enthusiastisch, gesellig, emotional usw.

S   Stetig: geduldig, loyal, teamfähig usw.

G   Gewissenhaft: perfektionistisch, genau, systematisch usw.

Eines der in der Persönlichkeitspsychologie am häufigsten genutzte Modelle ist **das BIG-FIVE-Modell (auch: Fünf-Faktoren-Modell, FFM).** Dieses besteht wie schon im Namen sichtbar aus fünf Hauptdimensionen, die einzelnen Persönlichkeitszügen entsprechen. Im englischsprachigen Raum wird es **auch OCEAN-Modell** genannt, dies ergibt sich aus den Anfangsbuchstaben der einzelnen Dimensionen.

In den 1930er Jahren wurde dieses Modell als lexikalischer Ansatz von Louis Thurstone, Gordon Allport und Henry Sebastian Odbert begründet und von Costa und McCrae weiterentwickelt.
Ein wesentlicher Aspekt, der sich gerade in diesem Modell wiederfindet, ist der Neurotizismus, der erklärt, wie stabil oder instabil eine Persönlichkeit ist. Dies ist besonders für die Widerstandsfähigkeit relevant und gibt Auskunft, in welchen Bereichen die Resilienz weiter ausgebaut werden sollte.

In der SDWA-4-Analyse findet sich dies in der Darstellung der Authentizität und der Glaubenssätze wieder. Somit zeigt die Auswertung auch eventuelle emotionale Schwankungen, also die Stabilität und die Instabilität im gegenwärtigen Leben.

O – Openness to experience: Offenheit für Erfahrungen (Aufgeschlossenheit)
C – Conscientiousness: Gewissenhaftigkeit (Perfektionismus)
E – Extraversion: Extraversion (Geselligkeit, Extravertiertheit)
A – Agreeableness: Verträglichkeit (Rücksichtnahme, Kooperationsbereitschaft, Empathie)
N – Neuroticism: Neurotizismus (emotionale Labilität und Verletzlichkeit)

Aktuell findet in der Psychologie und in wissenschaftlichen Arbeiten und Studien das HEXACO-Modell großen Anklang. Dieses Modell hat die fünf Dimensionen des BIG-FIVE Modells um eine weitere Dimension erhöht. Der Erfinder dieses Modells sieht die Dimension Ehrlichkeit und Bescheidenheit nicht ausreichend repräsentiert.

Zu den sechs Faktoren oder Dimensionen gehören hier:

H – Honesty, Humility: Ehrlichkeit, Bescheidenheit
E – Emotionality: Emotionalität
X – Extraversion: Extraversion
A – Agreeableness: Verträglichkeit
C – Conscientiousness: Gewissenhaftigkeit
O – Openness to Experience: Offenheit für Erfahrungen

Entwickelt wurde es von den beiden kanadischen Psychologieprofessoren Kibeom Lee und Michael C. Ashton, die im Jahre 2000 das sogenannte **HEXACO-Persönlichkeitsinventar (HEXACO-PI)** entwickelten.

Wie hier kurz dargestellt gibt es im Bereich der Typologie und der Persönlichkeitsmodelle eine bewegte Vergangenheit und Gegenwart. Auch hier geht die Entwicklung weiter, weil die Menschen in den verschiedensten Bereichen einfach eine sichere und solide Einschätzung über die Person haben möchten, die ihnen gerade begegnet oder mit der sie zusammenarbeiten möchten.

Das vorletzte, aber nicht weniger wichtige Modell, welches vorgestellt werden soll, ist **Master Typo 3**, das von Professor Dr. Christian Hanisch entwickelt wurde. In diesem finden sich auch viele der bereits erwähnten Typologie-Modelle wieder. Mit dieser **Master-Typo-3-Analyse** hat unser Team von Coaches, die auf diesem Gebiet zusammenarbeiten, seit Jahren erfolgreich gearbeitet und hervorragende Ergebnisse bei unseren Klienten erzielt. Ein wichtiger Teil ist in dieser Typologie die Authentizität, welche ebenfalls in das **SDWA-4-Typologie-System** integriert wurde. Dadurch wird eine perfekte Synthese aller bisherigen Modelle erreicht.

Zum Ende dieses Kapitels wird noch ein sehr wichtiges Modell aus der Entwicklungspsychologie vorgestellt. Dieses Modell und dessen Erkenntnisse bilden den vierten Bestandteil der **SDWA-4-Analyse**, denn hier wird eine ganzheitliche und systemische Sichtweise zum Ausdruck gebracht. Das Ziel des Erfinders

Clare W. Graves war es, die bio-, psycho- und soziologischen Disziplinen miteinander zu verbinden, um so eine ganzheitliche Sicht auf die Welt und deren Lebensweisen zu erhalten. Leider wurde zum damaligen Zeitpunkt diese Theorie nicht so sehr bekannt, obwohl sie tiefgreifende Einsichten in die sozialen und kulturellen Entwicklungen von Menschen und deren Zivilisationen bietet.

Erst in den achtziger und neunziger Jahren des vorigen Jahrhunderts wurde dieses System durch Graves' Schüler Don Beck und Chris Cowan in dem Buch „Spiral Dynamics" bekannt und populär.

Die Spirale der ᵂMem-„DNA"

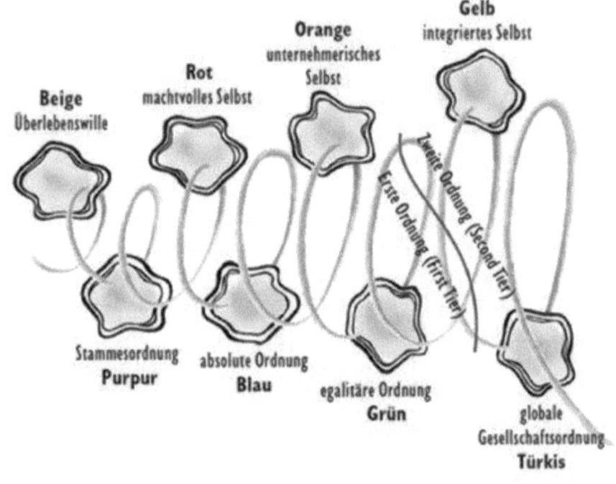

Quelle: „Spiral Dynamics" von Don Beck und Chris Cowan

Die grundlegenden Erkenntnisse der dynamischen Spirale werden in der Phase 4 der Analyse und Auswertung der SDWA 4 verdeutlicht.

Es ist uns gelungen, viele Modelle, Theorien und wissenschaftliche Erkenntnisse so zu vereinigen, dass alle wichtigen Bereiche der Persönlichkeit, des persönlichen Umfeldes und die dort befindlichen Dynamiken erkennbar und veränderbar gemacht werden.

40

2.4   SDWA 4 – Einführung und Bestandteile

Dieses gesamte Analysesystem ist etwas Außergewöhnliches. Es ermöglicht dem geschulten Coach, Trainer oder Anwender, sehr tief in die Denk- und Glaubensstruktur seines Klienten einzutauchen.

Gerade für den Kunden ist diese Profilauswertung etwas ganz Persönliches. Aus diesem Grund werden die Erklärungen in der Du-Form geschrieben, um dies zu verdeutlichen. Die Auswertung stellt eine Art Entdeckungsreise in das eigene Ich dar und darf nicht als Dogma verwendet werden. Genauso wenig ist diese Auswertung als starres Instrument zu verstehen, in dem die Individualität der Person nicht berücksichtigt wird.

Sieh dieses Analyse- und Auswertungs-System als Gradmesser und Indikator, der die optimale Grundlage für eine strukturierte Herangehensweise in einem Coaching oder Trainingsgespräch ermöglicht.
Wenn wir herausfinden, wie du wirklich „tickst", kannst du dich besser auf Gespräche einstellen und dein Gegenüber besser einschätzen, verstehen und damit jedes Gespräch zu einem besseren Abschluss bringen.

Diese Auswertung ist eine Momentaufnahme und so sollte sie auch gesehen werden. Daher versuchen wir, je nach Art der Verbindung zu unserem Klienten nach Möglichkeit eine fortlaufende wiederkehrende Analyse vorzunehmen. So dient diese Analyse als eine Langzeitstudie und ermöglicht einen Einblick in die Veränderungsprozesse seines Mindsets.

Diese gesamte Profilanalyse ist die Essenz aus vielen wissenschaftlichen Typologie-Modellen und Forschungsergebnissen. Sie wurde über viele Jahre zusammengetragen. Die wichtigsten Akteure und deren Analysemodelle werde ich kurz zu einem späteren Zeitpunkt aufzeigen.

Dieses Persönlichkeitsanalysesystem ist so besonders, weil es nicht nur die einzelne Person analysiert, sondern noch viel weiter geht.

Die insgesamt vier Auswertungs- und Analyseebenen sollen einen Rundumblick ermöglichen. Sie beziehen sich sowohl auf die Person als auch auf die Systemdynamik der eigenen Familie, des Arbeitsumfeldes und der Gesellschaft.

Es können stets auch Teilanalysen vorgenommen werden.

1. Ebene

Dies ist die klassische Ebene. Hier wird das Persönlichkeitsprofil sichtbar gemacht. Die Werte und Bedürfnisse des Klienten werden erkennbar und seine Vorlieben, das heißt was ihm wichtig ist. Hierbei lernt sich der Klient besser kennen und kann auch andere Menschen (Gesprächspartner, Mitarbeiter usw.) besser einschätzen und sich so besser auf diese einstellen. Es werden auch die Bedürfnisse herausgearbeitet und die Stärken und Schwächen (Nichtstärken) angezeigt. Außerdem lernt der Klient die verschiedenen Persönlichkeitstypen kenn, die wir alle in unterschiedlicher Ausprägung in uns haben.

2. Ebene

Eine wesentliche Komponente in der Interaktion bzw. Kommunikation mit anderen Menschen ist die Glaubwürdigkeit. In dieser Ebene wird die Authentizität gemessen. Das hilft zu erkennen, wie überzeugend der Klient in der Interaktion mit anderen ist und an welchen Stellschrauben derjenige noch arbeiten kann, um so noch glaubwürdiger zu werden. Dadurch kann er sein Denken, sein Handeln und die Auswirkungen auf andere besser verstehen und optimieren. Es ermöglicht ein deutlich wirkungsvolleres Auftreten, mehr Selbstvertrauen und eine viel bessere Kommunikationsfähigkeit.

3. Ebene

Die Ebene geht besonders auf Denk- und Verhaltensstrukturen ein. Sie zeigt, warum der Klient so denkt, fühlt und handelt. Dort werden die Glaubenssysteme und Glaubenssätze sichtbar. Vieles, was gedacht und getan wird, geschieht unbewusst und automatisch. Von Kindheit an werden die Menschen durch ihre Eltern und das soziale Umfeld beeinflusst (programmiert). Dies passiert automatisch. Viele dieser Glaubensmuster sind positiv und helfen, ein glückliches und erfolgreiches Leben zu führen. Andere sind eher negativ und destruktiv. Sie behindern den Menschen beim Erreichen großer Ziele. Das hat Frustration oder sogar Depression zur Folge. Daher ist es wichtig, diese „kleinen Saboteure" sichtbar zu machen und zu löschen. Damit kann man unnötige Blockaden, Hemmungen und Zwänge auflösen.

Diese Auswertungsebene ist besonders im Einzel-Coaching wichtig, weil hier auch die emotionalen Verstrickungen thematisiert werden können. Darüber hinaus lassen sich Ängste, Phobien und Vorwürfe herausarbeiten. Besonders die neutralen Erkenntnisse lassen sich sehr genau verdeutlichen und dann mit entsprechenden Interventionen lösen.

4. <u>Ebene</u>

Dieser Teil wurde nach dem Vorbild des „Spiral-Dynamics"-Systems von Clare W. Graves weiterentwickelt. Kein Mensch lebt im „luftleeren Raum". Auch als Individuum sind wir Teil von Gruppen. Dabei werden wir ständig durch andere beeinflusst oder wir beeinflussen unsere Mitmenschen.

Wir leben in verschiedenen Systemen. Da gibt es das Familiensystem, in welches jeder bzw. jede hineingeboren wurde. Dann gibt es das Unternehmenssystem, in dem Arbeitende einen Großteil ihrer Zeit verbringen, und schließlich das Gesellschaftssystem, in dem die Menschen leben.

Jedes dieser Systeme hat Regeln, folgt einer gewissen Ordnung und hat eine Struktur. Gerade hier werden offensichtliche, aber vor allem unbewusste Konventionen verdeutlicht. Es wird klar erkennbar, ob der Klient in einem Umfeld agiert, das seinen eigenen Werten und Bedürfnissen entspricht und ob es für seine Entwicklung dienlich oder abträglich ist.

Das ursprüngliche Modell verfügt über neun Stufen. In diesem Analyse-System wurde bewusst die neunte Stufe ausgelassen, weil sie in der praktischen Anwendung meist keine Auswirkung hat. Eine weitere Änderung wurde **bei der Stufe 7** vorgenommen. Dort **wurde die Farbe Gelb in Pink geändert.** Damit soll eine mögliche Verwechslung mit den Farbtypen in der ersten Auswertungsphase vermieden werden.

Die Systemdynamiken in den einzelnen Stufen verdeutlichen, warum es so viele Auseinandersetzungen und Konflikte gibt. Diese finden nicht nur mit anderen Menschen, sondern auch in jedem von uns selbst statt, und dies kann zu einer inneren Zerrissenheit (kognitiver Dissonanz) führen und wichtige Entscheidungen hemmen.

2.5   Erläuterung der vier Ebenen (Phasen):

1.   Ebene: Analyse der vier Persönlichkeitstypen (Rot, Gelb, Blau, Grün)

Diese Analyse- bzw. Auswertungsphase hat viele Ähnlichkeiten mit anderen Typologie-Modellen. Dies ist beabsichtigt, weil mittlerweile viele Menschen und besonders Coaches und Trainer mit verschiedenen Typologien arbeiten. So können die bereits erworbenen Kenntnisse mit in die Analyse und in die Auswertung einfließen. Damit ist dieses System leichter verständlich und duplizierbar. Deshalb soll es auch nicht als konkurrierendes, sondern als ergänzendes Modell betrachtet werden.

Zunächst werden die wichtigsten Achsen in dieser Ebene vorgestellt, die sich mehr oder weniger auch in anderen Typologie-Modellen wiederfinden. Hier werden zugleich die extremen Ausprägungen der Typologie des Klienten deutlich und es ergibt sich auf verständliche Weise ein erster grober Überblick. Darüber hinaus gibt es noch eine Tiefendimension, die in dem Big-Five-Modell der Persönlichkeitspsychologie als Neurotizismus bezeichnet wird. Sie bildet das Kontinuum zwischen Stabilität und Labilität der Persönlichkeit. Diese tiefere Dimension soll nur in unserem Zusammenhang als ganzheitliche Betrachtung dienen.

Im Alltag findet man durch diese Betrachtung eine emotionale Stabilität oder Instabilität wieder. Der Grad dieser Launenhaftigkeit ist oft ein Zeichen für emotionale Stärke oder eine innere Zerrissenheit, Unzufriedenheit und mangelnde Widerstandsfähigkeit.

44

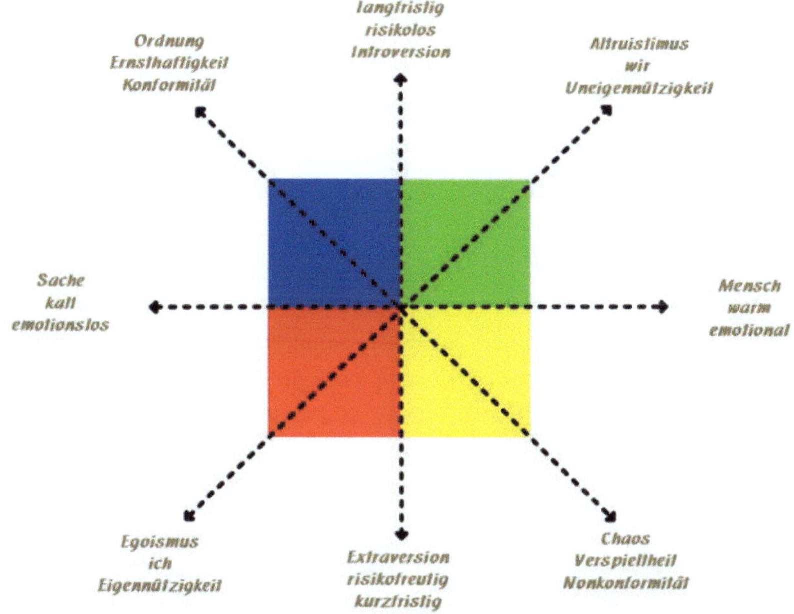

Grundmuster der einzelnen vier Grundtypen

Roter Typus

Dieser bringt die Dinge voran, entscheidet schnell, ist oft ein Anführer. Er möchte als produktiv, leistungsorientiert und zielstrebig gesehen werden. Eher ungünstig ist, wenn er ohne Rücksicht und genauere Überprüfung voranstürmt und erst anschließend über die Folgen nachdenkt. Der rote Typ ist eher sachbezogen als menschenorientiert. Er hat eine hohe Konzentrationsfähigkeit, er lässt sich nicht ablenken und bleibt fokussiert auf sein Ziel. Das sorgt für gutes Vorankommen und ein sicheres Erreichen von Zielen. Wichtig hierbei ist, nicht in einen Starrsinn zu verfallen, der die Flexibilität stark eingrenzen würde. (z. B. Unternehmer, Verkaufsleiter)

Blauer Typus

Dieser Typ ist klar strukturiert, betrachtet alles ganz genau, überprüft gewissenhaft, bevor eine Entscheidung getroffen wird. Der blaue Typ ist eher zurückhaltend, fachlich sehr versiert und möchte als Experte und prinzipientreuer Mensch gesehen werden. Er will, dass vereinbarte Regeln eingehalten werden und legt auf Zuverlässigkeit und Pünktlichkeit großen Wert. Seine Genauigkeit wird besonders im wissenschaftlichen und akademischen Bereich geschätzt und dient auch dazu, klare Strukturen in beruflichen Bereichen zu installieren und umzusetzen. In der ungünstigen Ausprägung kann er allerdings zu pedantisch, übergenau und zu perfektionistisch werden und so wichtige Entscheidungen ausbremsen oder gar zum Stillstand bringen. Daher ist es hilfreich, auch hier hin und wieder offener und beweglicher zu reagieren (z. B. Ingenieur, Buchhalter).

Grüner Typus

Dieser ist sehr darauf bedacht, harmonische und friedfertige Beziehungen zu führen. Er möchte als hilfsbereiter, verständnisvoller und fürsorglicher Mensch gesehen werden. Er sucht die Gemeinschaft und möchte eine sinnstiftende Tätigkeit ausführen; er möchte, dass das Umfeld seine Hilfsbereitschaft eigenständig anerkennt. Wenn das nicht erfolgt, ist er im schlimmsten Fall tief beleidigt.
Gern lässt sich dieser Typus in eine Opferrolle ziehen. Auch hier gilt es in Balance zu bleiben, da sonst zu viel wertvolle Energie verloren geht (z. B. Arzt, Krankenschwester).

Dieser ist ein offener, lebensfroher und kreativer Mensch. Gerne steht er im Mittelpunkt. Er freut sich, wenn sein Umfeld ihn bewundert. Dieser Typus kann gut auf Menschen zugehen und versteht es, kreativ nach Lösungen zu suchen. Oft ist es ihm möglich, vernetzt und quer zu denken. Auf diese Weise gelingt es ihm, neue Möglichkeiten zu finden. Diesen Typus findet man oft in künstlerischen Bereichen, weil er es versteht, die Menschen zu begeistern. Bei allzu starken narzisstischen Tendenzen kann das Verlangen nach Anerkennung und Bewunderung störend auf das Umfeld wirken. Auch kann das Verhalten zu chaotisch oder zu unzuverlässig wirken, und das ist in manchen Lebensbereichen eher ungünstig (Schauspieler, bestimmte Verkäufertypen).

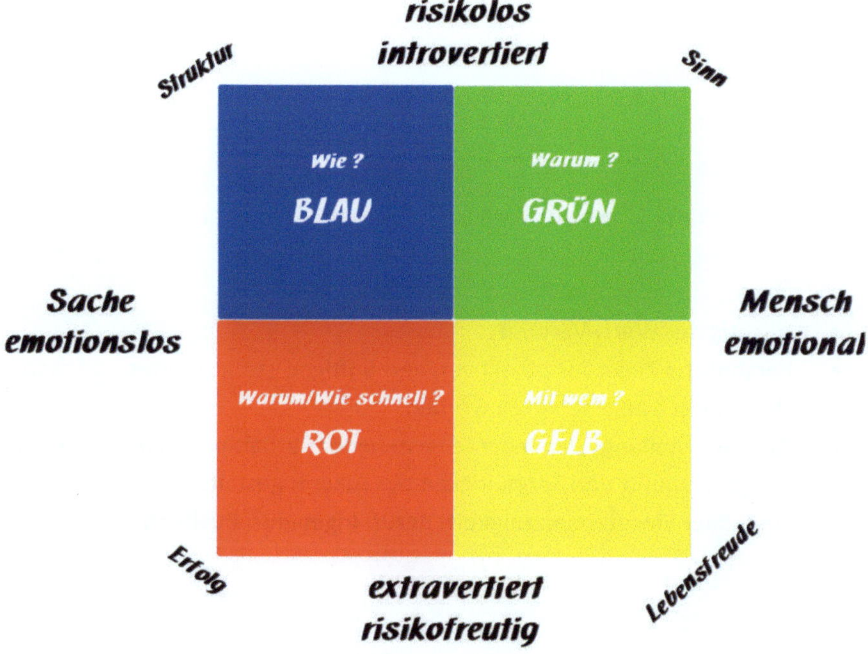

Bildliche Darstellung der Denkmuster

Der rote Typ

- **Eigenschaften:** selbstbewusst, proaktiv, erfolgsorientiert, hartnäckig, aggressiv, braucht Anerkennung, konzentriert sich auf das Wesentliche, geht Risiken ein, geht voran, ist ein Anführer, handelt eigenverantwortlich, will immer gewinnen, antreibend, entschlossen, entscheidungsfreudig, zäh, schnell im Denken und Handeln, mutig, stark, überzeugend usw.
- **Wichtigster Wert:** Aktivität
- **Persönliche Ziele:** Er möchte als aktiver, produktiver und kompetenter Mensch gesehen werden.
- **Grundeinstellung:** „Wenn ich will, dass etwas geschieht, muss ich dafür sorgen, dass etwas geschieht."
- **Sinnvoller Einsatz: Führung; Beruf: Unternehmer**

Der blaue Typ

- **Eigenschaften:** genau, sachlich, abwägend, strukturiert, rational, gefühlsarm, pünktlich, überlegend, ruhig, kontrolliert, regeltreu, vergleichend, stur, eigensinnig usw.
- **Wichtigster Wert:** Vernunft
- **Persönliche Ziele:** Als objektiver, vernünftiger, strukturierter und sachlicher Mensch angesehen zu werden.
- **Grundeinstellung:** „Ich möchte Bestehendes erhalten und auf dieser Basis mit Vernunft und Sorgfältigkeit die Zukunft gestalten."
- **Sinnvoller Einsatz: Genauigkeit; Beruf: Ingenieur, Buchhalter**

- **Eigenschaften:** vertrauensvoll, ehrlich, nachhaltig, fürsorglich, unterstützend, fair, nachgebend, menschenorientiert, Retter, Opfer, gemeinschaftlich, tolerant, mitfühlend, liebevoll, nicht gut genug, Selbstwertkonflikt, partnerschaftlich, Sinnhaftigkeit, Teamplayer, ökologisch etc.
- **Wichtigster Wert:** Leistung
- **Persönliche Ziele:** Er möchte als verständnisvoller, toleranter, mitfühlender und wertvoller Mensch gesehen werden.
- **Grundeinstellung:** „Durch meinen harmonischen, gewissenhaften und liebevollen Umgang mit Menschen werde ich mit Freundlichkeit, Achtung und Wertschätzung belohnt, ohne darauf hinzuweisen."
- **Sinnvoller Einsatz: Unterstützung; Beruf: Arzt, Krankenschwester**

- **Eigenschaften:** anpassungsfähig, kreativ, flexibel, lustig, fröhlich, lösungsorientiert, kontaktfreudig, positiv, Klassenclown, unbekümmert, begeisterungsfähig, Visionär, motivierend, unsicher, zerstreut, braucht Anerkennung, ist Ideengeber, wechselhaft, ist Querdenker, genial, witzig
- **Wichtigster Wert**: Kooperation
- **Persönliche Ziele:** Er möchte als kreativer, lustiger, lösungsorientierter, beliebter Mensch gesehen werden.
- **Grundeinstellung:** „Ich bekomme nur dann eine Belohnung, wenn ich anderen Menschen dabei geholfen habe, ihre Bedürfnisse, Wünsche und Ziele zu erreichen. Damit helfe ich mir selbst am meisten."
- **Sinnvoller Einsatz: Verbindung; Beruf: Künstler, Verkäufer**

Zur weiteren Vertiefung der einzelnen Typologien werden nähere Erläuterungen gemacht. Dazu gehören **die inneren Prozesse (Denken und Glauben, Gefühle) und das äußere Erscheinungsbild mit seinem Verhalten sowie die Art der Kommunikation.**

Der rote Typ: Wirkung

- ist pünktlich, hat wenig Zeit
- aufrechte Körperhaltung
- wirkt eher betriebsam und hektisch
- auffälliges Outfit
- nebenbei mit anderen Dingen beschäftigt
- Büro schaut effizient aus und zeigt seinen Status
- Begrüßung: kurz und knackig
- „Kommando-Ton"
- kommt schnell auf den Punkt
- exakte Fragen
- fragt nach Zeiten, Preisen
- spricht präzise
- vereinfacht komplizierte Vorgänge
- dominante Gesprächsführung

Seine Ziele und was er braucht

- verstärkte Kontrolle über: Menschen, Abläufe, Zeit
- er will Resultate
- verbessert Entscheidungsprozesse
- Auswahlmöglichkeit
- Handlungsfreiheit
- erhöhte Autorität
- Zugang zu wichtigen Positionen oder Leuten – sein Experten-Netzwerk
- sofortige Aktion
- hohes Gewinnpotenzial
- Durchführungsberichte

Was fragen sich rote Typen

- Was muss getan werden?
- Warum?
- Wie schnell?

- Welche Aktivität ist nötig?
- Wie kann ich fordern und fördern

Stärken

- richtungsweisend
- dynamisch
- selbstbewusst
- veränderungsorientiert
- herausfordernd
- kraftvoll
- wettbewerbsorientiert
- risikofreudig
- beharrlich
- vertritt seinen Standpunkt

Schwächen (im Extrem)

- dominierend
- impulsiv
- arrogant
- ruhelos
- Druck ausübend
- starrsinnig
- erdrückend
- überschätzt sich
- nimmt riskante und unnötige Herausforderungen an

- ist pünktlich
- Büro und Schreibtisch ordentlich
- unauffälliges, korrektes Outfit
- Terminkalender, Fachliteratur
- gut vorbereitet
- wirkt unpersönlich, distanziert
- eher wenig Blickkontakt
- gibt evtl. keine Hand
- in Gedanken versunken
- wenig große Gesten
- spricht langsam, exakt, detailliert, bedacht und sachlich
- nimmt sich Zeit zum Nachdenken
- schweigt zwischendurch

Seine Ziele und was er braucht

- Anerkennung als Experte
- solide Forschungsergebnisse
- systematischer Plan
- Fortschrittsberichte
- schriftliche Vorschläge
- verbesserte Nutzung der Fähigkeiten
- wissenschaftlicher Ansatz
- will es selbst machen können
- spezielle, gezielte Info
- Stabilität und klare Strukturen

Was fragen sich blaue Typen

- Wie?
- Aus welchem Grund?

- Methode, System
- Grund, Logik
- Vernunft
- untersuchen + analysieren

Stärken

- ausdauernd
- kostenbewusst
- faktenorientiert
- standhaft
- gründlich
- umsichtig
- vermeidet Risiken
- begründet sehr exakt seine Meinung
- maximiert Vorhandenes

Schwächen (im Extrem)

- beharrend
- fantasielos
- akzeptiert ungern Neues
- verschlossen
- eigensinnig
- pedantisch
- überkritisch
- ängstlich
- wirkt gleichgültig
- kontrollsüchtig

Der grüne Typ: Wirkung

- kommt offen (lächelnd, Blickkontakt, ausgestreckter Arm) auf Menschen zu
- „Wie geht's? Parkplatz gefunden?"
- langes Händeschütteln
- Ausstattung mit kleinen, auffälligen Details (Fotos von Frau, Kindern)
- redet viel
- langes, soziales Blabla, erzählt auch Persönliches
- warmer Tonfall
- freut sich über Geschenke
- zeigt deutlich, dass er keine Zeit hat
- bietet Kaffee usw. an
- entschuldigt sich für seine Fehler

Seine Ziele und was er braucht

- „Das ist eine beliebte Idee; die anderen machen das auch so"
- After-Sales-Support
- Unterstützung beim Verkauf an Mitarbeiter, Chefs usw.
- Konfliktvermeidung
- Risiko wird geteilt (Hersteller, Kunde)
- Verlässlichkeit
- Der persönliche Ruf ist gewahrt
- höhere Selbsteinschätzung
- geringstmögliches Risiko

Was sich grüne Typen fragen

- Warum?
- Zwecke, Ziele, Werte
- helfen
- unterstützen + idealisieren

- auf andere eingehen
- idealistisch
- bescheiden
- vertrauensvoll
- loyal
- hilfsbereit
- aufgeschlossen
- zeigt Gefühle
- offen
- gibt viel verbales Feedback

Schwächen (im Extrem)

- selbstverleugnend
- macht sich selbst klein
- überfürsorglich
- passiv
- perfektionistisch
- beleidigt
- nachtragend
- konfliktscheu
- kann sich nicht präsentieren

Der gelbe Typ: Wirkung

- eher unpünktlich
- diskutiert gern mit anderen
- ist überrascht, aber zeigt, dass er Abwechslung mag
- spontan, lässig, lacht, scherzt
- Büro und Schreibtisch wirken chaotisch, kreativ, neugierig
- ungewöhnliche, private Dinge liegen durcheinander
- lässiges Outfit und Auftreten
- zeigt Begeisterung und auch Ärger
- lässt sich durch andere und anderes unterbrechen

Seine Ziele und was er braucht:

- der Erste und der Held sein
- ist immer dabei, offen für Neues
- will einmalig, originell sein
- für alle sichtbar
- hat hohes Gewinnpotenzial; ist bereit für Großes
- will ein Beispiel für andere sein
- arbeitet an seinen Talenten
- steht gern in der Öffentlichkeit
- neigt dazu, andere zu belehren
- höhere Selbsteinschätzung
- kleidet sich gern gut
- fährt ein teures, auffälliges Auto

Was sich gelbe Typen fragen

- Mit wem?
- Wer wird einbezogen/sollte teilnehmen/soll informiert/soll eigeladen werden?
- Wer wird es befürworten?
- Wen brauche ich zur Kooperation?
- kreativ und neugierig

Stärken

- flexibel
- neugierig
- kreativ
- experimentierfreudig
- kontaktfreudig
- begeisterungsfähig
- sozial kompetent
- humorvoll
- kann gut bei gegensätzlichen Meinungen vermitteln

Schwächen (im Extrem)

- widersprüchlich
- zu sehr auf Wirkung bedacht
- zu euphorisch
- manipulierend
- albern
- macht Witze – auch wenn es unangebracht ist
- wirkt ziellos
- zu angepasst
- manchmal zynisch
- verzettelt sich

<u>**Hier eine Aufgabe für dich**</u>

Beobachte dich mal in den nächsten zwei Tagen zu den vier Farbtypen:

- *Welche Farbe ist bei dir besonders stark ausgebildet?*

- *Welche Farbe kommt dann?*

- *Welche Farben sind bei dir nicht so stark vertreten?*

- *Welche Farbe brauchst du besonders für deinen Job?*

Bitte nimm dir Zeit für die Beantwortung dieser Fragen, bevor du weiterliest!

<u>2.6 Item – Zoom</u>

Eine zusätzliche tiefere Betrachtung der einzelnen vier Typen liegt in den Items (Item = Einzelpunkt), welche für die Erstellung der Fragebögen notwendig waren. Hier kann noch einmal genauer reingezoomt und jeder einzelne Punkt auf seine Emotionalität hin getestet werden.

Hier gehören noch einige Fragetechniken dazu, um das Gesamtbild abzurunden und damit das Verhalten in alltäglichen Situationen zu erfassen.
Diese Fragen bilden den Übergang in die zweite Phase, weil dort die Authentizität, also die Glaubwürdigkeit gemessen und abgebildet werden soll. Daher wird es gerade in der Interaktion mit dem Klienten leicht dazu kommen, dass ein fließender Übergang von der einen Phase in die andere erfolgen kann in beide Richtungen.

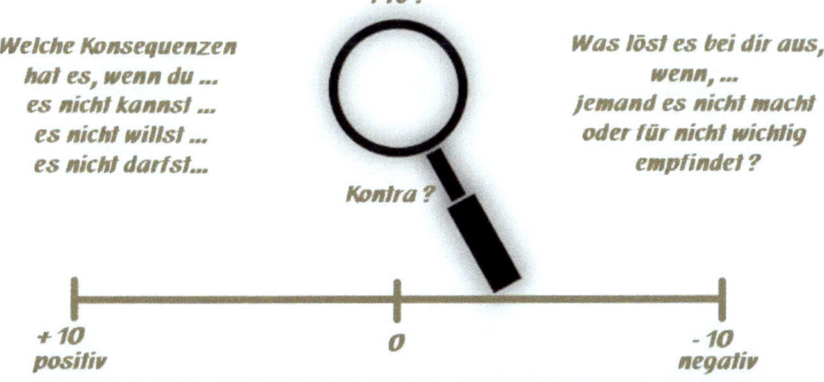

<u>Der Trainer oder der Coach ist nun in der Lage, gezielte Fragen zu stellen, wie zum Beispiel:</u>

„Was verhindert deiner Meinung nach die Umsetzung deines Denkens ins Handeln?"

„Willst du an dieser Position wirklich etwas ändern?"

Hier holen wir uns im Coaching immer die Erlaubnis ab!

„Welches Verhalten könnte für dich erfolgreicher sein?"

„Warum nimmt deine Umwelt dein Bestreben anders wahr?"

„Welche Ausprägung (roter Typ, blauer Typ, grüner Typ, gelber Typ) wäre in dieser Situation/in diesem Kontext hilfreich?"

„Welche Eigenschaften brauchst du für deine Ziele?"

„Was lässt dich in diesem Muster verharren?"

„Wie könntest du in diesen Bereichen eine höhere Denk- und Verhaltens-flexibilität erreichen?"

„Welchen Nutzen hätte das für dich?"

„Warum denkst du anders als du handelst?"

„Was würde passieren, wenn du das so machen würdest?"

„Wie würdest du dich dabei fühlen?"

„Was fühlst du gerade in diesem Moment?"

<u>Fragen, die sich der Klient bzw. der Coachee (also du) im Gespräch stellen und beantworten sollte:</u>

- Was ist der wichtigste Wert und was bedeutet er in Bezug auf …? (Kontext beachten)
- Was ist der niedrigste Wert und was bedeutet er in Bezug auf …?
- Kann ich diesen Wert leben?
- Will ich diesen Wert leben?
- Darf ich diesen Wert leben?
- Wann, wie und wo habe ich dazu eine Referenzerfahrung?
- In welchem Kontext kenne ich das?
- Welche Gefühle habe ich dazu auf einer Skala von …?
- Kenne ich das aus meiner Kindheit/Erziehung?
- Kenne ich das aus meinem Berufsleben?
- Kenne ich das aus meiner Beziehung?
- Welche Werte lebe ich gern an anderen aus?
- Welcher Wert darf an mir nicht ausgelebt werden?
- Wie sehe ich mich?
- Wie sehen mich andere?
- Was bedeutet es, wenn ich es denke, aber nicht tue?
- Was bedeutet es, wenn ich es nicht denke, aber dennoch tue?
- Was sollen die anderen von mir denken?
- Wie will ich sein?
- Wie bin ich wirklich?

- Was hilft mir?
- Was behindert mich?
- Was darf sich ändern?

1. Phase: Authentizität

In dieser Phase wird die Authentizität analysiert und ausgewertet. Diese ist gerade deswegen so wertvoll, weil hier drei wesentliche Aspekte des menschlichen Denkens und Handelns und die Wahrnehmung der Außenwelt ersichtlich werden.

Wir Menschen sind soziale Wesen und leben demzufolge in sozialen Gruppen. Wie sich ein Mensch bzw. eine Person in diesen Gruppen oder in der Interaktion bewegt, hängt stark von seiner Glaubwürdigkeit ab. Denn erst dadurch lassen sich dauerhafte und vertrauenswürdige Beziehungen aufbauen. Zudem steigt die Akzeptanz in der Gruppe sowie die Zugehörigkeit.

In den Bereichen Führung, Verhandlung, Verkauf, Kommunikation und Beratung ist dies ein entscheidender Garant für Erfolg.

Zudem lassen sich erste Spannungen, Konflikte und innere Zerrissenheit sichtbar machen. Wenn Denken und Handeln nicht übereinstimmen, dann liegt es oft an inneren Geboten bzw. Verboten. Diese werden im NLP als „Don'ts and Musts" bezeichnet, also Verbote (das, was ich nicht machen soll oder darf) und Zwänge (das, was ich machen soll und muss).

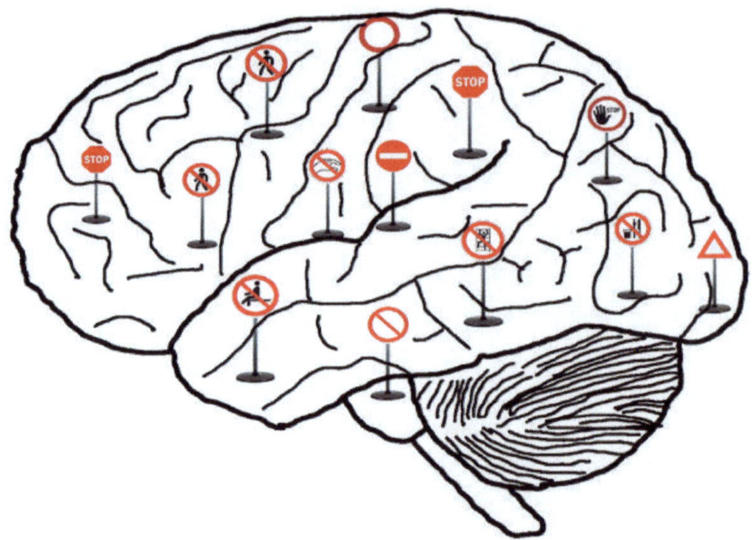

Diese Art von Blockaden, Hemmungen oder Zwängen und Antreiber können äußerst negative Auswirkungen im Leben eines Menschen haben, weil diese meist unreflektiert und unbewusst ablaufen. Sie können auf der einen Weise limitierend und auf der anderen Seite äußerst zwanghaft wirken und somit die eigenen Ziele und Wünsche sabotieren.

Die Synchronisierung der drei Elemente Denken, Handeln und Fremdbild ist eine wichtige Aufgabe im Coaching oder Training. Sonst wirkt diese Denk- und Handlungsweise fremd, unecht, unglaubwürdig und sorgt oft für unbewusste Ablehnung.

Als Resultat lassen sich eigene Ideen, Ziele und Projekte nicht wirkungsvoll mit anderen umsetzen.
Das führt zu Misserfolg und Niederlagen, die dann wiederum zu einem mangelhaften Selbstvertrauen und einem verzerrten Bild von sich selbst und der Welt führen.

Synchronität – Übereinstimmung

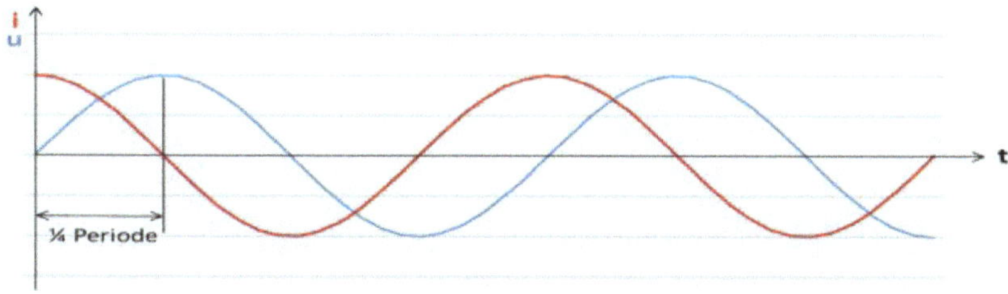

Dein Denken und Handeln sowie die Fremdwirkung im Einklang

Hier ermitteln wir also zusammengefasst:
Wie wirkst du auf andere Menschen?

2. Phase: Die Denk- und Glaubensstrukturen

In dieser Phase werden vor allem die Denk- und Glaubensstrukturen beleuchtet und ausgewertet. Jeder Mensch kommt mit einem Grundtemperament auf die Welt, welches über die Genetik prädisponiert wurde. Auch hier wird – um das Bild abzurunden – kurz auf die vier Grundlagentypen eingegangen.

Der Sanguiniker ist: sorglos, gesellig und lebhaft
Der Choleriker ist: unruhig, willensstark und aktiv
Der Phlegmatiker ist: sorgsam, liebenswürdig und ausgeglichen
Der Melancholiker ist: vorsichtig, reserviert und schüchtern

Dies wird gerade in den ersten Monaten nach der Geburt bei Babys deutlich, da die Eigenschaften noch nicht so sehr von den äußeren Einflüssen verändert wurden. Dort sieht man die Ursprünglichkeit.   Im Laufe der Zeit wird dies durch Erziehung, Beobachten und Nachmachen, Erfahrung, Erlebnisse, die Familie, das soziale und kulturelle Umfeld und vieles mehr verändert.

Als Mensch ist es oft notwendig, sozialen und kulturellen Konformitäten zu folgen, damit man sich der Gesellschaft anpasst.

Dies wird in der Regel verbale – also durch Sprache – und in einem stärkeren Maße durch nonverbale Kommunikation – also durch das Verhalten des näheren Umfeldes – gerade in den ersten Jahren geprägt. **Daraus entsteht unser Glaubenssystem.**

So und nicht anders sehen wir die Welt und somit die vermeintliche Realität. Was oft nicht bekannt oder bewusst ist: dass dieses Glaubenssystem nicht nur unser Denken und Verhalten steuert, sondern unsere Wahrnehmung, die Art wie derjenige oder diejenige die Welt sieht.

Wir beobachten andere Menschen oft danach, wie wir selbst sind.

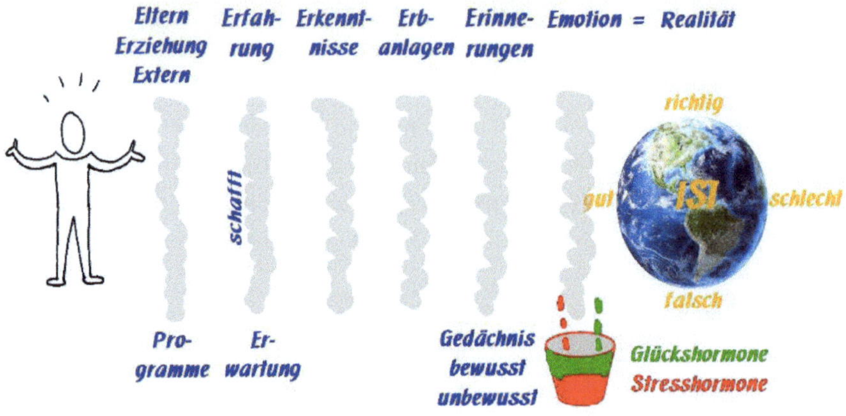

Dies kann auch zu einer Schleife der selbsterfüllenden Prophezeiung führen.

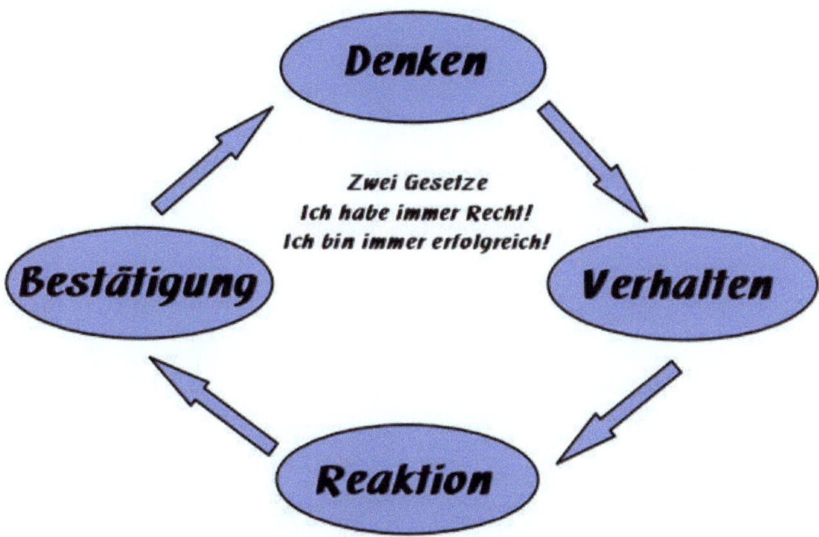

Dieses Glaubenssystem ist aus vielen unterschiedlichen Glaubenssätzen und Vorstellungen entstanden. Über die Zeit verdichten sie sich zu einer festen Überzeugung.

Dies nennt man dann **Paradigma oder Weltsicht.**

Besonders die Glaubenssätze, Erfahrungen und Bilder, die in frühester Kindheit verankert bzw. programmiert wurden, sind besonders fest verwurzelt und oft nicht immer gleich erkennbar. Darum braucht der Coach oder Trainer ein besonders starkes Einfühlungsvermögen im Umgang mit den Klienten.

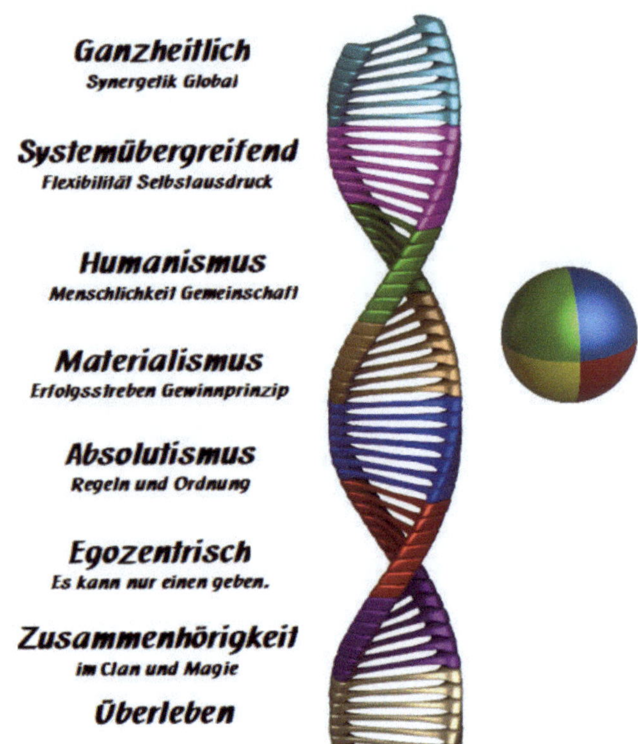

1.   Teil: Gesamtheitliche Betrachtung

Diese Phase verbindet alles. Hier geht es darum zu verstehen, dass wir uns nicht isoliert betrachten können. Jeder Mensch befindet sich in einem sozialen und kulturellen Umfeld oder System. Dieses wird durch eine Vielzahl von Normen, Regeln und bestimmten Verhaltensweisen bestimmt. Zudem werden bewusst und vor allem unbewusst bestimmte Denk- und Verhaltensmuster weitergegeben. Diese fügen sich automatisch in das gesellschaftliche

Leben ein. Viele dieser Muster sind unreflektiert und werden unbewusst aus-
geführt.

Clare W. Graves ist der Erfinder des Spiral-Dynamics-Systems. Er entwickelte
das erkenntnistheoretische Modell der Psychologie des Menschen. In seinen
wissenschaftlichen Studien identifizierte er Einflussfaktoren auf unsere Persönlichkeit, die sich ähnlich einer Gravitationskraft gegenseitig anziehen.

Dabei spricht er von **Memen = Paradigmen oder Denk- und Glaubensstrukturen,** die in jeder Ebene charakteristisch sind.

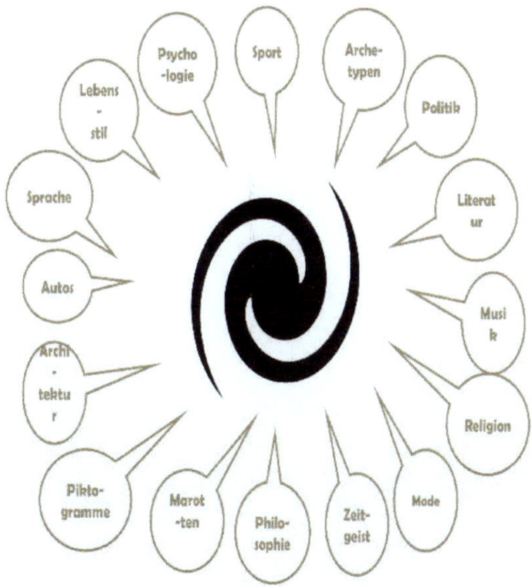

Man kann die **Meme als die psychosoziologische Äquivalenz zu den biolo-
gischen Genen bezeichnen.**

Während sich Gene relativ langsam verändern, können sich Meme im Verhältnis schneller verändern. Genauso wie die Gene im Menschen, die positive, aber auch negative Teile in sich tragen, gibt es auch positive und negative Meme, die unsere Ansichten und Glaubensvorstellungen beeinflussen.

So wird gerade in Konflikten das „Schwarz-Weiß-Denken" sichtbar. „Wer sind die Guten und wer sind die Bösen?"
Als empfehlenswert hat sich im Bereich der Glaubens- und Verhaltensmuster herausgestellt, die Begriffe „günstig oder ungünstig" sowie „energiefördernd oder energieraubend" zu verwenden.

Veränderungsprozesse hängen von vielen Faktoren ab und fordern eine vernetzte und holistische Herangehensweise.

Wie bereits in den geschichtlichen Ausführungen erwähnt, wurden einige Veränderungen an dem Original vorgenommen. So wird die 9. Ebene nicht in die Analyse und in die Auswertung einbezogen, und die als „Gelbe Ebene" bezeichnete wurde, bei uns in Pink verändert, damit sie nicht mit dem gelben Typus in der ersten Auswertung verglichen wird.

Farbe	Werte	Modelle & Methoden	Ängste
Beige	Überleben: Fight, Flight oder Freeze. Essen, Schlafen, Trieben folgen.	Polyvagal-Theorie, Ressourcenaktivierung	Angst vor dem Tod
Purpur	Stamm gibt Sicherheit & Stabilität. Rituale, Mythen und Magie schaffen Geborgenheit in einer rauen Umwelt.	Team-Building durch Rituale, Mythen, Religionen, Geschichten	Angst, von der Gruppe verstoßen zu werden
Rot	Ego dominiert und befreit sich. Der Wille strebt nach Macht und Stärke.	Law of Attraction, Ressourcenaktivierung, Visionsfindung (für den individuellen Willen)	Angst vor Schwäche und Vernichtung
Blau	Regeln, Pflichten, Strafen ergeben eine hierarchische Ordnung. Wenn du darin funktionierst, bekommst du Sicherheit, Gerechtigkeit und Lob.	Konditionierung, Rituale & klare Prozesse definieren, Operatoren (für Unterricht & Coaching), Strukturen sichtbar machen, Controlling	Angst vor Bestrafung
Orange	Effektivität, Erfolg und Anerkennung. Flexibilität, Wissen. Marketing, Branding, Business Development.	4 Quaraden Modell, 7 Wege der Effektivität, 20Ideen-Methode, Coaching als Business, Design Thinking	Angst vor Misserfolg & Verlust
Grün	Gemeinschaft & Gleichberechtigung, Liebe, Harmonie, Naturverbundenheit, Nachhaltigkeit.	Beziehungen kultivieren, Achtsamkeit, Konfliktlösung, Trauma-Integration, Somatic Experiencing, Holokratie, Mediation, Beziehungen, GFK, persönliche Heldenreise	Angst vor Konflikten
Pink	Selbstorganisation in intelligenten Systemen. Potenzialentfaltung. Sinn, Kreativität, komplexe Systeme.	Organisationsdesign, Visionspyramide, systemische Fragetechniken, Agile Methoden, Facilitation, Systemisches Design Thinking	Angst vor Überforderung
Türkis	Ganzheitlichkeit, globales Bewusstsein, Transzendenz	Overview-Effekt, Wege zur Erleuchtung, Reinventing Mindfulness	*… keine Angst mehr*

Daher finden sich in diesem System acht Ebenen und deren Muster wieder

<u>Erklärung zum Begriff Mem:</u>

Diese Bezeichnung kommt aus dem Altgriechischen und bedeutet „nachgemachte Dinge" oder „imitieren".

Damit ist ein einzelner Bewusstseinszustand gemeint, also ein Gedanke.

Die Weitergabe eines Mems erfolgt über das sozialkulturelle Umfeld zum Beispiel durch Kommunikation (verbal und nonverbal). Somit nimmt der Mensch
ein Mem durch äußere Reize über die Sinnesorgane auf.

1.   Beige: Das „Überlebens"-Mem (Versorgung)

<u>Grundthema:</u>

Tu, was du für dein Überleben tun musst.

<u>Charakteristische Glaubensvorstellungen und Handlungen:</u>

- benutzt seinen Instinkt und seine Gewohnheiten, um zu überleben
- ein klar getrenntes Selbst ist noch wenig erwacht oder gar beständig
- Nahrung, Wasser, Wärme, Sex und Sicherheit haben Priorität
- bildet Überlebensverbände, um das Leben zu erhalten und weiterzugeben

<u>Zu finden bei:</u>

Den ersten Menschen, Neugeborenen, senilen alten Menschen, Alzheimerer-
krankten im letzten Stadium, geistesverwirrten Obdachlosen, verhungernden
Massen, üblen Drogentrips und Schützengraben-Neurosen. In anthropologi-
scher fiktionaler Literatur wie Jean M. Auels „Ayla und der Clan des Bären"
beschrieben.

2.   Purpur: Das „magische" Mem (Sicherheit)

<u>Grundthema:</u>

**Die Geister zufriedenstellen und das Nest des „Stammes" warm und sicher
halten.**

<u>Charakteristische Glaubensvorstellungen und Handlungen:</u>

- den Anweisungen von Geistwesen und mystischen Zeichen Folge leisten

- den Häuptlingen, Alten, Ahnen und dem Clan gegenüber treu ergeben sein
- heilige Gegenstände, Orte, Vorkommnisse und Erinnerungen in Ehren halten
- Übergangsriten, Jahreszeitenzyklen und Stammesbräuche einhalten

Zu finden bei:

Dem Glauben an Schutzengel und Voodoo ähnlichen Flüchen, bei Blutschwüren und über Generationen weitergegebenen Rachegefühlen, religiösen Gesängen und Trancen, Glücksbringern, Familienritualen, magischen ethnischen Glaubensvorstellungen und Aberglauben. In der Dritten Welt, in Gangs, Sportmannschaften und Unternehmens- „Clans" stark verbreitet.

3. Rot: Das „impulsive" Mem (Macht)

Grundthema:

Sei ohne Rücksicht das, was du bist, und tu, was du willst.

Charakteristische Glaubensvorstellungen und Handlungen:

- die Welt als Dschungel voller Räuber und Gefahren
- reißt sich von jedweder Herrschaft und jedwedem Zwang los, um sich selbst zu gefallen
- steht groß da, erwartet Aufmerksamkeit, fordert Respekt und hat das Sagen
- genießt sein Selbst mit vollem Recht und ohne Schuldgefühle und Gewissensbisse
- überwindet, täuscht und beherrscht andere aggressive Persönlichkeiten

Zu finden bei:

Kindern in der „Trotzphase", rebellischen Jugendlichen, in Grenzlandmentalitäten (amerikanischer Westen) und feudalen Königtümern, bei James-Bond-Bösewichten, epischen Helden, Glücksrittern, Pablo Picasso, wilden Rockstars, dem Hunnenführer Attila, in William Goldings „Herr der Fliegen" und bei den Mighty Morphin Power Rangers

4. Blau: Das „zielgerichtete" Mem (Wahrheit)

Grundthema:
Das Leben hat eine Bedeutung, eine Richtung und einen Zweck mit vorbestimmten Ergebnissen.

Charakteristische Glaubensvorstellungen und Handlungen:

- das Selbst für transzendente Ziele oder den rechten Weg opfern
- die Ordnung erzwingt einen Verhaltenscode, der auf ewigen, absoluten Grundsätzen beruht
- rechtschaffenes Leben schafft gegenwärtige Stabilität und sichert künftigen Lohn
- Impulsivität wird von Schuldgefühlen kontrolliert; jeder hat seinen Platz
- Gesetze, Vorschriften und Disziplin bilden den Charakter/Grundstoff der Moral

Zu finden bei:

Billy Graham. In Frank Capras Film „Ist das Leben nicht schön?", im puritanischen Amerika, im China des Konfuzius, im Klassizismus, im Dickens'schen England, in singapurischer Disziplin, im ritterlichen Ehrenkodex, in wohltätigen, guten Taten, der Heilsarmee, bei islamischen Fundamentalisten, in Garrison Keillors Lake Wobegon, bei Pfadfindern und im Patriotismus.

5. Orange: Das „Erfolgs"-Mem (Wachstum)

Grundthema:
Handle im eigenen Interesse und spiele so, dass du gewinnst.

Charakteristische Glaubensvorstellungen und Handlungen:

- Veränderung und Fortschritt liegen in der Natur der Dinge
- Fortschritt, indem wir die Geheimnisse der Natur in Erfahrung bringen und die besten Lösungen für uns finden

- die Schätze der Erde so verarbeiten, dass ein Überfluss an gutem Leben geschaffen und verbreitet wird
- Optimistische, risikofreudige Menschen, die sich auf sich selbst verlassen können, verdienen Erfolg
- Gesellschaften gedeihen durch Strategien, Technologie und Konkurrenzdenken

Zu finden in:

Dem Zeitalter der Aufklärung, „Erfolgs"-Ministerien, Ayn Rands: „Atlas wirft die Welt ab", an der Wall Street, bei Motorrad- und Autorennen, an der Riviera, in einer entstehenden Mittelklasse, der Kosmetikindustrie, Trophäenjagd, Handelskammern, dem Kolonialismus, Werbefernsehen, dem Kalten Krieg,
De Beers' Diamantenkartell, Brustimplantaten, der Mode, bei J. R. Ewing in „Dallas".

6. Grün: Das „gemeinschaftsorientierte" Mem (Fürsorglichkeit)

Grundthema:

Suche nach Frieden im inneren Selbst und erkunde die anderen mit fürsorglichen Dimensionen von Gemeinschaft.

Charakteristische Glaubensvorstellungen und Handlungen:

- Der menschliche Geist muss von Habgier, Dogma und Entzweiung befreit werden
- Gefühle, Sensibilität und Fürsorge ersetzen kalte Rationalität
- die Schätze und Möglichkeiten der Erde gleichmäßig unter allen verteilen
- Entscheidungen durch Versöhnung und Konsensprozesse erreichen
- Spiritualität auffrischen, Harmonie bringen, die menschliche Entwicklung bereichern

Zu finden in:

John Lennons Musik, dem Idealismus der Niederlande, der klientenzentrierten Therapie, der Theologie der Befreiung, bei Ärzte ohne Grenzen, im kanadischen Gesundheitssystem, in der Amerikanischen Bürgerrechtsunion (ACLU), dem Weltkirchenrat, Sensibilitätstraining, Boulder (Colorado), Greenpeace, bei Jimmy Carter, Dustin Hoffmann in „Die Reifeprüfung", der Tierrechtsbewegung, der Tiefenökologie, den sozialen Diensten von Minneapolis-Saint Paul, Bruce Cockburns Musik, dem Eiscremeunternehmen „Ben & Jerrys"

Die Meme des Seins - oder der zweiten Ordnung

7. Pink: Das „integrative" Mem (Holismus – Ganzheit)

Grundthema:
Lebe umfassend und verantwortlich als der, der du bist, und lerne, zu werden.

Charakteristische Glaubensvorstellungen und Handlungen:

- Das Leben ist ein Kaleidoskop natürlicher Hierarchien, Systeme und Formen
- Die Großartigkeit der Existenz wird höher geschätzt als materielle Besitztümer
- Flexibilität, Spontaneität und Funktionalität haben höchste Priorität
- Wissen und Kompetenz sollten Rang, Macht und Status ersetzen
- Unterschiede können in interdependenten, natürlichen Fließprozessen integriert werden

Zu finden in:

Carl Sagans Astronomie, Peter Sengens Organisationen, Stephen Hawkins „Eine kurze Geschichte der Zeit", W. Edwards Demings Zielvorstellungen, Paul Newmans: „Art, ein Star zu sein", der Chaostheorie, angepasster Technologie, Ökoindustriegebiete (die den Abfluss des jeweils anderen als Rohmaterial verwenden), Fred Alan Wolfs „neuer Physik", Deepak Chopras: „Die Körperzeit"

8. Türkis: Das „holistische" Mem

Grundthema:

Erfahre Ganzheit der Existenz mit dem menschlichen Verstand und dem höheren Geist

Charakteristische Glaubensvorstellungen und Handlungen

- Die Welt ist ein einziger dynamischer Organismus mit kollektiver Vernunft
- Das Selbst ist sowohl ein klar unterschiedener als auch ein mit einem größeren, mitfühlenden Ganzen verbundener Teil
- Alles verbindet sich in ökologischer Ausrichtung mit allem
- Energie und Information durchdringen die gesamte terrestrische Umwelt
- Holistisches, intuitives Denken und kooperatives Handeln sind zu erwarten

Zu finden in:

Theorien von David Boh, McLuhans „globalem Dorf", Gregory Stocks „Metaman", bei Rupert Sheldrake und den morphogenetischen Feldern, in Ghandis Ideen einer pluralistischen Harmonie, Ken Wilbers „Spektrum des Bewusstseins", James Lovelocks „Gaia-Hypothese", Pierre Teilhards „Noosphäre"

Anmerkung Koralle:

Ist noch unklar und wird wie erwähnt in diesem System nicht berücksichtigt.

2.8 Hintergründe für die Entstehung der SDWA-Analyse

Hintergründe zu den einzelnen Typologien, Kommunikation und Wertesystemmodellen:

An dieser Stelle skizziere ich kurz, welche Methoden, Modelle und wissenschaftliche Forschungen und Erkenntnisse die Grundlage für dieses außergewöhnliche System zur Persönlichkeitsanalyse bilden.

Die Grundlagen der ersten Ebene bilden eine Reihe von verschiedenen Typologie-Modellen. Die Farblehre und die Grundmuster stammen von der DISC-Theorie, die von William Moulton Marston im Jahre 1928 entwickelt wurden. Daraus ist auch das Insight-Modell entstanden. Weitere Erkenntnisse flossen aus dem BIG-FIVE-Modell mit ein, welches von Louis Thurston, Gordon Allport und Sebastian Odbert entwickelt und dann von Costa und McCrae weitergeführt wurde.

Die Grundlage für die zweite Ebene wurde durch Prof. Dr. Christian Hanisch entwickelt, der besonders die Authentizität in den Vordergrund der Persönlichkeit stellt und dazu den Bereich der Glaubenssätze wie die „Don'ts (Verbote) und „Musts" (Zwänge) erkennen lässt.

Die Grundlage für die dritte Ebene ist eine Mischung aus den beiden ersten und aus den Erkenntnissen der Transaktionsanalyse von Dr. med. Eric Berne. Dieser hat über viele Jahre ein psychologisches Kommunikationsmodell entwickelt, welches die Transaktionen in der Kommunikation mit anderen aufzeigte. Besonders wurden die Antreiber berücksichtigt. Diese sind: „Mach es anderen recht!", „Sei perfekt!", „Beeile dich!", „Sei stark!", „Streng dich an!" Diese wurden den einzelnen vier Typen zugeordnet.

Die Grundlage für die vierte Ebene beruht auf den wissenschaftlichen Erkenntnissen von Clare W. Graves. Er war ein US-amerikanischer Professor für Psychologie und Gründer der Ebenen-Theorie der Persönlichkeitsentwicklung. Diese Theorie entwickelte er in den 1950er Jahren. Sie berücksichtigt die gesamte gesellschaftliche und soziokulturelle Entwicklung der Menschheit. Weiterhin wird auch die persönliche Entwicklung von der Geburt bis zum Tode durch die verschiedenen Entwicklungsphasen sichtbar. Weiterentwickelt wurde diese Theorie von Chris Cowan und Don Beck, die auch einige Bücher dazu verfasst haben. Besonders interessant ist es, dass nicht nur theoretisches und philosophisches Wissen für die Theorie entstanden ist, sondern dass es sich praktisch im Alltag anwenden lässt. Deshalb kann man es auch im Training und speziell im Coaching für Veränderungsprozesse nutzen.

Dies ist dann nicht nur bei einzelnen Personen möglich, sondern es lässt sich hervorragend in Unternehmen und Gesellschaften anwenden.

Der Ist-Stand lässt sich sehr leicht ermitteln (wo stehe ich/stehen wir), und auf Basis dieser Theorie kann der Coach auch sofortige Handlungsempfehlungen aussprechen, die die Entwicklung in die gewollte Richtung bringen können.

2.9 Auswertungsbeispiele

Hier gebe ich dir zum besseren Verstehen einige beispielhafte Bilder, die an dieser Stelle nicht näher erläutert werden sollen. Du sollst hier einen Einblick in die Form der Auswertung bekommen.

1.   Phase: Übersicht über die vier Typen

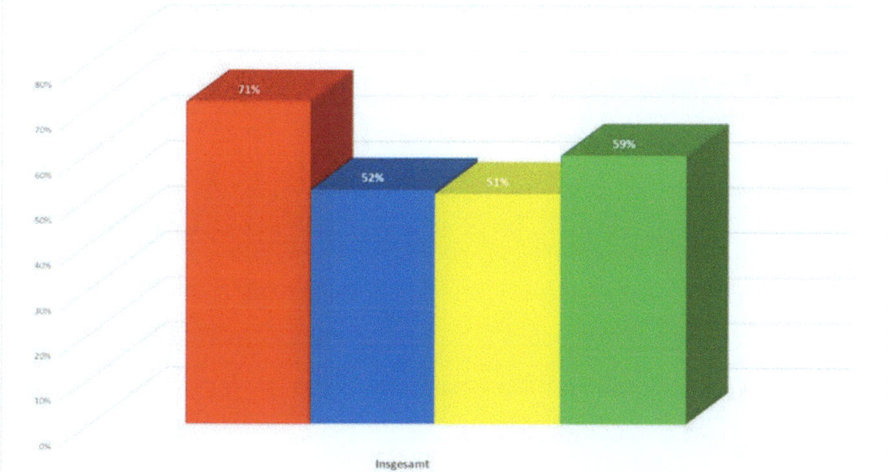

2. Phase: Authentizität

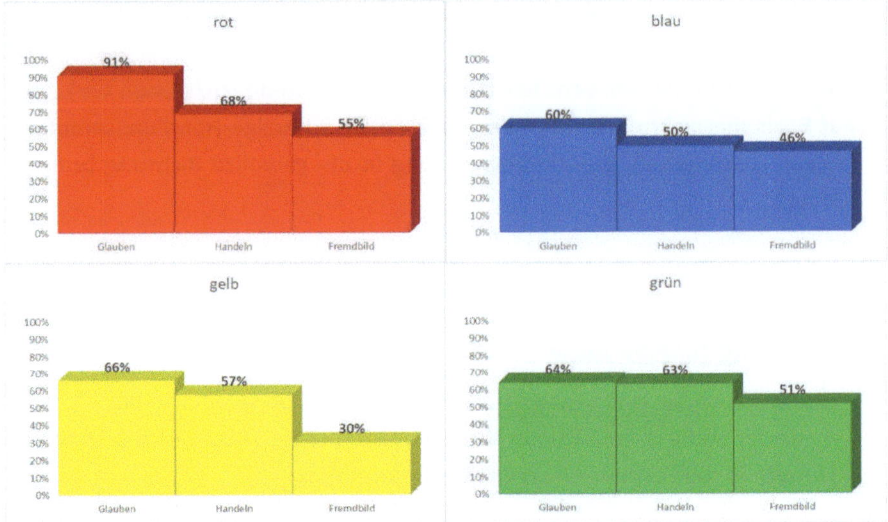

Die erste Phase zeigt also die Verteilung der 4 Farben bei dir in Ruhe und unter Stress.

Die 2. Phase zeigt, wie authentisch du auf andere Menschen wirkst.

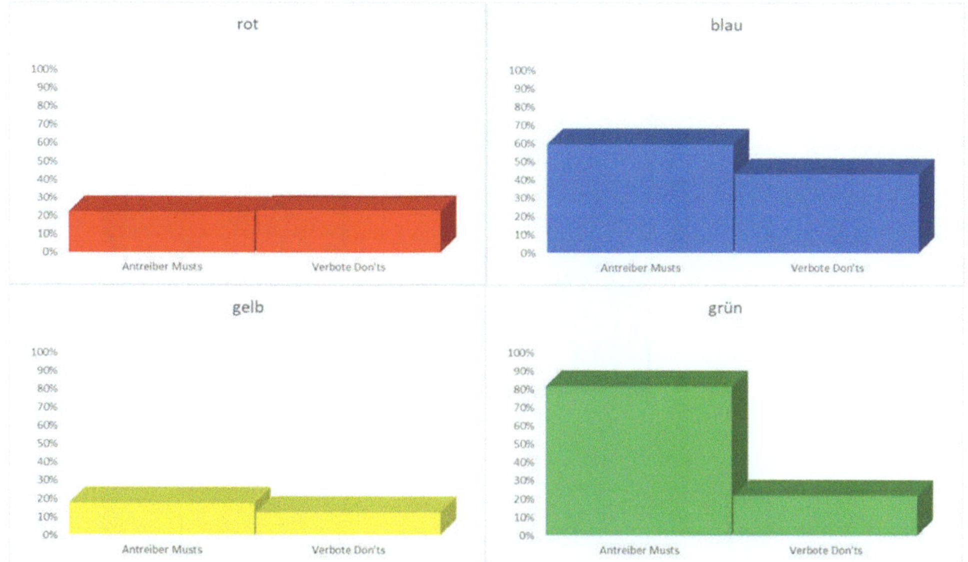

In der 3. Phase ergründen wir deine Glaubenssätze in den einzelnen Farb-Bereichen und ihre Auswirkungen auf dein Handeln. Wir ergründen die Antreiber und die Verhinderer. Und mit deiner Erlaubnis werden wir an diesen Glaubenssätzen arbeiten.

4. Phase: Systemdynamiken und Meme (persönlich, Firma und Gesellschaft)

Das Ergebnis zeigt deine Stellung in diesen 3 Lebensbereichen

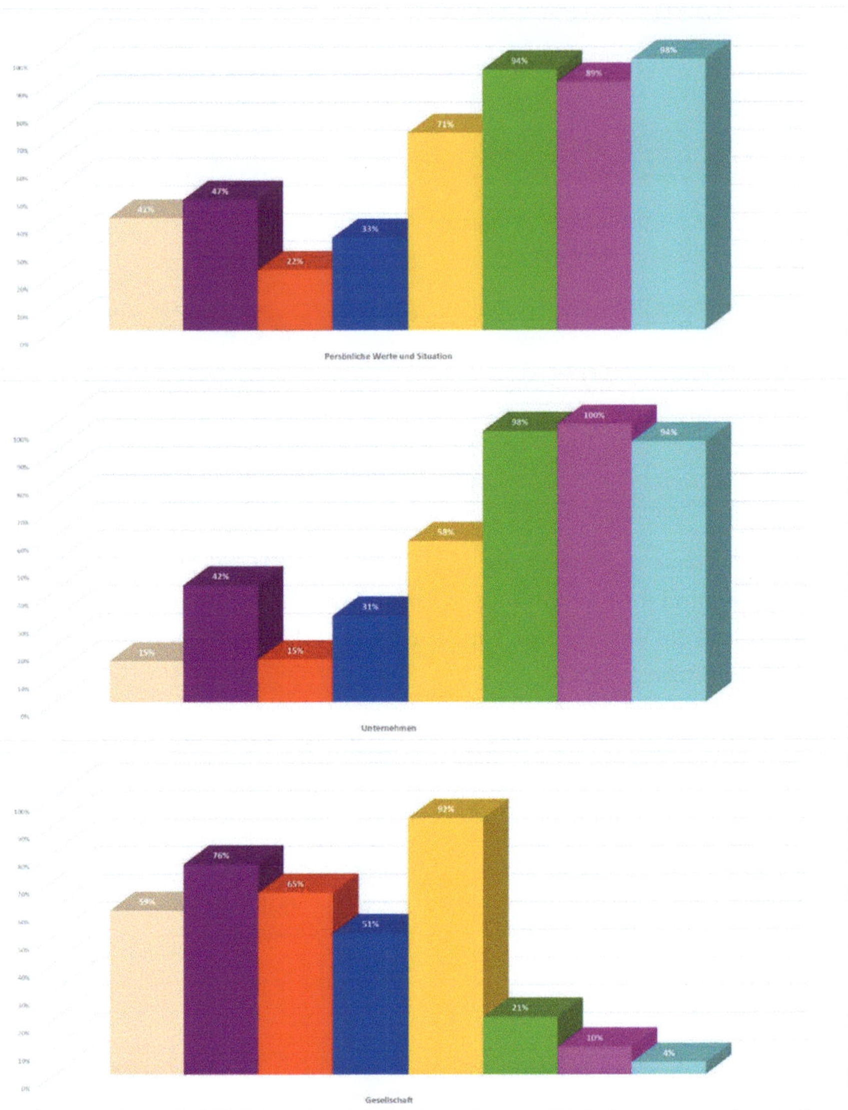

Wenn du dich mit der SDWA-Analyse intensiv beschäftigt hast, dann kannst du dich selbst und auch dein Gegenüber viel schneller und besser einschätzen. Das bringt dich in allen deinen Gesprächen viel schneller zum beabsichtigten Ergebnis.

Unsere Kommunikation kann als gelungen bezeichnet werden, wenn wir
1. unsere Botschaft an die gewünschte Zielgruppe (möglichst wirksam) übermitteln und
2. bei ihr den beabsichtigten Handlungsimpuls auslösen

.

2.10 Die META-Techniken

Mit unserer SDWA-Analyse bist du sehr gut für 90 Prozent aller Gespräche in deinem Leben gerüstet.

Für die restlichen 10 Prozent der allerwichtigsten Gespräche zum Beispiel

- **mit dem neuen Chef beim Einstellungsgespräch**
- **mit einem Beamten in einer sehr schwierigen Angelegenheit**
- **mit dem Banker, der dir einen großen Kredit gewähren soll**

brauchst du aber noch mehr.

Du brauchst die META-Technik:
Mit ihr kannst du dein Gegenüber viel kraftvoller überzeugen. Mit meiner META-Strategie kannst du deinen Gesprächspartner noch einfacher verstehen und ihn mit Leichtigkeit für deine Standpunkte begeistern: im Beruf, in Beziehungen und in der Familie.

Diese Techniken lehre ich allen, die ihren ethischen Kommunikations- und Überzeugungsmuskel noch schärfer trainieren wollen.
Das Thema META-Technik ist so spannend und umfassend, dass ich dazu ein eigenes Buch schreiben werde. In diesem Buch werde ich das Thema für dich deshalb nur kurz anreißen.
Wenn dich dieses Thema noch tiefgründiger interessiert, dann schreibe mir einfach eine Nachricht an: <u>coaching@joachimknabe.de</u> unter dem Stichwort: **META.**

Wir können dann gern darüber reden. Schau dir jetzt bitte zuerst mein Video „META-Techniken" an.
Die META-Techniken kommen aus dem NLP. Es gibt dort über 60 verschiedene Techniken oder Programme. Ich meine hier das META-Modell der Sprache.

Was ist eigentlich META? Für mich ist es die „Sprache hinter allen Sprachen". Durch sie lernst du dich selbst und die anderen noch besser zu verstehen. Das META-Modell beschreibt also Sprachmuster, bei denen wir uns gezielt auf die Gestaltungsprozesse sensibilisieren. Damit können wir sowohl unsere eigene Sichtweise als auch die unseres Gegenübers besser verstehen und erweitern. Sprachlich teilen wir immer nur eine verkürzte Darstellung unseres inneren Erlebens mit.

Durch nichts wirst du andere stärker beeinflussen können und dich selbst in bestimmten Punkten ändern können als durch die META-Techniken.

Stelle dir jetzt bitte die Frage:

Was ist für dich und für mich die wichtigste Fähigkeit, die wir in unserem Leben erlernen können?

Das ist: die Fähigkeit, effektiv zu kommunizieren!

<u>Das bedeutet:</u>

Viel schneller und mit einer Leichtigkeit die gewünschten Gesprächsergebnisse in allen Situationen zu erreichen.
Nichts ist wichtiger in allen Lebensbereichen! Deine Fähigkeit zu kommunizieren ist immer der wichtigste Baustein für bessere Beziehungen und schnellere Zielerreichung!

META lehrt dich also:

1. das Leben anderer Menschen positiv zu beeinflussen
2. dass du immer genau so sprichst, dass dein Gegenüber dich richtig versteht; und das immer und nicht nur gelegentlich; also immer, wenn es darauf ankommt
3. selbst ein gutes und erfülltes Leben zu führen
4. die Welt zu einem besseren Ort zu machen

Mein Ziel, mein „Warum", möchte ich dir an dieser Stelle gern mitteilen.
Warum bin ich der Leadership-Experte für Ärzte und Unternehmer geworden?

In über 40 Jahren gelebtem Leadership habe ich viele Erfahrungen gesammelt. Die hier gewonnenen Erkenntnisse möchte ich gerne weitergeben – um andere Menschen zu unterstützen, zu berühren und mit diesen Menschen eine besondere Verbindung herzustellen. Ich möchte dich zu einem besseren Leader machen. Ich möchte, dass du erkennst, dass Leadership ein lebenslanger Lernprozess ist.

<u>**Wenn du das nicht schaffst, dann würde das für dich bedeuten:**</u>

Gelingt es dir nicht, in der Kommunikation eine gute Verbindung zu deinem Gegenüber herzustellen, würdest du immer limitiert bleiben, weil er dich einfach nicht versteht oder verstehen kann. Du zahlst einen hohen Preis, wenn du nicht gut genug kommunizieren kannst. Dieser Preis ist, dass dir vieles von dem entgeht, was du sein könntest und was du haben könntest. Mit einer punktgenauen Kommunikation erreichst du immer die gewünschten Ergebnisse.

<u>Mein Ziel ist es: aus meinem Leben ein Meisterwerk zu machen.</u>

Dein Ziel sollte es sein: aus deinem Leben ein Meisterwerk zu machen und ein Leben im Mittelmaß nicht zu akzeptieren.
Dafür musst du lernen, meisterhaft zu kommunizieren!

Was sind META-Programme?

<u>**Definition META-Programm an einem Beispiel**</u>

Kennst du das?
Du vereinbarst einen Termin mit einem Freund, **Treffpunkt: 18 Uhr.** Selbstverständlich bist du pünktlich, denn das ist dir wichtig. Dein Freund allerdings legt scheinbar (!) keinen Wert auf Pünktlichkeit, er trifft erst viel später ein, weil er sich mal wieder irgendwo verzettelt hat. Ärgerlich, nicht wahr?
Oder bist du vielleicht so wie der Freund, also der- oder diejenige, der/die meist bei Verabredungen etwas später dran ist, weil für dich aus oft unerklärlichen Gründen die Zeit wie im Flug vergeht? Es war doch gerade erst 17 Uhr und plötzlich ist es schon so spät, wie ist das möglich? Und vielleicht ist dir das Zu-spät-Kommen auch manchmal peinlich?

Im NLP lernst du: Beides ist vollkommen normal (auch wenn der eine oder andere Through-timer jetzt wahrscheinlich protestieren wird). Es gibt hier kein Richtig oder Falsch, kein Gut und Schlecht. Diese Bewertungen treffen wir Menschen individuell, basierend auf unseren **Glaubenssätzen, Werten und META-Programmen.**

84

Und was sind nun META-Programme – anders erklärt?

META-Programme sind **Wahrnehmungsfilter** und beschreiben, wie ein Mensch Informationen aufnimmt und verarbeitet. Diese Filter sind meist **unbewusst** und entstehen aufgrund unserer Erfahrungen und Prägungen, um unsere Werte und Glaubenssätze zu erfüllen.

Vielleicht ist dir schon mal passiert, dass du einem Kollegen oder Freund etwas erklären wolltest, und er hat dich überhaupt nicht verstanden. Und möglicherweise warst du schon ein bisschen ungeduldig und hast dir gedacht: „Ich versteh einfach nicht, warum er mich nicht versteht."

Wenn das der Fall war, dann unterscheiden sich mit großer Wahrscheinlichkeit deine META-Programme von denen des besagten Freundes oder Kollegen.

META-Programme sind im Neurolinguistischen Programmieren Muster spezifischer Wahrnehmung und Verarbeitung, die über die Ebene der Strategien (Programme) hinausgehen. Sie selektieren und gestalten die Informationen, die wir aufnehmen und verarbeiten. Einige werden deshalb auch als „sorting styles" bezeichnet.

Wozu brauche ich META-Programme?

„Ich weiß nicht, WAS du denkst, aber ich weiß, WIE du denkst."

Das Spannende ist, dass sich die meisten Menschen ihrer META-Programme nicht bewusst sind, und trotzdem bilden diese einen wichtigen Teil der (individuellen) Realität und Persönlichkeit eines jeden Einzelnen. Deshalb wird dir die Kenntnis der META-Programme helfen, dich selbst besser zu verstehen und eine Idee davon zu bekommen, wie du tickst. Deine eigenen META-Programme zu entdecken, führt dich zu einer beeindruckenden Form der **Selbsterkenntnis**, und plötzlich bekommst du **Antworten** auf das eine oder andere „Warum?" – also auf Fragen, die du dir vielleicht selbst schon öfter in deinem Leben gestellt hast.

Und wenn du erst mal neugierig geworden bist, dich mit META-Programmen zu beschäftigen, wirst du erkennen, dass du nicht nur dich selbst, sondern auch deine Mitmenschen immer besser verstehen lernst. Und es wird dir von

Mal zu Mal leichter fallen, eine gute Beziehung **(Rapport)** zu deinem Gegenüber aufzubauen und deine **kommunikativen Fähigkeiten** signifikant zu verbessern.

Unter Rapport versteht man im NLP eine vertrauensvolle Beziehung zwischen Menschen, die durch gegenseitige Wertschätzung und gutes Verständnis geprägt ist.

Abgesehen von den persönlichen Vorteilen verwenden immer mehr Personalabteilungen in Firmen META-Programme als Basis für die **Rekrutierung** zukünftiger Mitarbeiter. Da bestimmte Jobs META-Programm-Profile erfordern, werden zum Beispiel **Stellenausschreibungen** entsprechend formuliert, um genau jene Menschen anzusprechen, die ideal für den Job sind.   Weiterhin werden auch im **Vorstellungsgespräch** beim vermeintlichen „Small Talk" schon deine entsprechenden Profile analysiert. Das bedeutet, dass es dir nicht nur privat, sondern auch beruflich einen großen Vorteil bringen wird, wenn du verstehst, wie META-Programme funktionieren, damit du diese Kenntnisse auch entsprechend einsetzen kannst.

Welche META-Programme gibt es?

Insgesamt gibt es über 60 META-Programme, wobei es für den Anfang reicht, sich nur auf die wichtigsten zu konzentrieren.

Und das sind folgende zwölf Programme:

1. <u>**META-Programm Richtung: Weg-von vs. Hin-zu**</u>

Anhand dieses META-Programms erkennst du, wie du Menschen motivieren kannst.

Weg-von orientierte Menschen sind **„Problemvermeider"**. Während sie Dinge tun, um Probleme zu vermeiden, bewegen sich **hin-zu orientierte Menschen** vorwiegend, um Ziele zu erreichen. Als Beispiel dazu dient folgende Frage: „Warum ist es dir wichtig, einen Job zu haben und Geld zu verdienen?"

Nimm dir bitte Zeit, um über die Antwort nachzudenken, bevor du weiterliest. Noch deutlicher wird es, wenn du deine Antwort aufschreibst. Hast du Stift und Zettel bei der Hand?

Und? Wie lautet deine Antwort?

Wenn du stark weg-von orientiert bist, dann hast du jetzt Dinge aufgezählt, die du ohne Geld nicht tun kannst, also negative Konsequenzen und Probleme, die du gerne vermeiden möchtest.

Wenn bei dir allerdings eine signifikante Hin-zu-Ausprägung vorherrscht, hast du mit großer Wahrscheinlichkeit daran gedacht, was du mit Geld alles machen kannst.

Hör genau hin, wie dir Menschen auf diese Frage antworten …

2. META-Programm Informationsgröße: Überblick vs. Detail = Größe

Wie groß ist eine Informationseinheit, mit der die Person am besten umgeht?

Dieses META-Programm beschreibt, wie jemand Informationen verarbeitet.

Es gibt Menschen, denen es vor allem wichtig ist, einen Überblick über Dinge zu bekommen, weil sie aufgrund ihrer Filter hauptsächlich Überblick verarbeiten können. Zum Beispiel lesen sie bei einem Buch erst mal nur das Inhaltsverzeichnis oder generell nur Überschriften. Sie verarbeiten in erster Linie das große Ganze, während ihnen zum Beispiel bei einer Arbeit Details und einzelne kleine Schritte unwichtig erscheinen und sie diese vielleicht auch gar nicht bedenken.

Im Gegenzug dazu gibt es Menschen, die von Anfang an Details hinterfragen. Diese Menschen lesen bei einem Buch gleich mal einen ganzen Absatz, um ein Gefühl für das Werk zu bekommen. Auch in Gesprächen wollen sie Dinge oft genau wissen, weil sie das große Ganze erst dann wirklich verstehen können, wenn sie die Einzelheiten kennen. Detailorientierte Menschen erzählen auch vermehrt einzelne Aspekte, während sich Überblicksmenschen oft schon längst langweilen.

Du kannst dir bestimmt vorstellen, dass es hier durchaus Konfliktpotenzial gibt: Frau Detail wirft Herrn Überblick vor, dass er die Sache nicht ernst genug nimmt, und Herr Überblick beschwert sich, weil Frau Detail wieder mal viel zu pingelig ist.

Kommt dir das geschilderte Beispiel vielleicht bekannt vor?

3. META-Programm Vorgehensweise: Prozeduren vs. Optionen

Dieses META-Programm gibt Auskunft darüber, ob sich ein Mensch strukturiert, also Schritt für Schritt einem Ziel nähert (Prozeduren), oder ob er verschiedene Möglichkeiten in Betracht zieht, um dort hinzukommen (Optionen).

Prozessorientierte Menschen machen Pläne und haben eine klare Struktur im Kopf von dem, was sie machen werden. Im Gegensatz dazu tendieren optionenorientierte Menschen dazu, viele Dinge gleichzeitig zu tun, weil sie viele Ideen haben und alle Möglichkeiten ausprobieren wollen. Durch diese vielen Optionen haben sie generell die Grundhaltung „Wir finden immer eine Lösung", während es einen Prozeduren-orientierten Menschen ziemlich unangenehm aus dem Konzept bringt, wenn etwas von seinem Plan abweicht.

Du kannst dir bestimmt vorstellen, dass auch hier Konfliktpotenzial verborgen ist, wenn zum Beispiel in einer Partnerschaft der eine immer am selben Ort Urlaub machen will, weil sich das für ihn bewährt hat und er zufrieden ist (Prozeduren), während die andere gerne immer wieder neue Orte ausprobiert, weil es so viele schöne Plätze auf der Welt gibt, an denen man Urlaub machen kann (Optionen).

Wenn du darüber nachdenkst, wo würdest du dich eher einordnen?

88

4.   META-Programm Aktivität: Proaktiv vs. Reflektiv

Provokant und vereinfacht ausgedrückt könnte man es folgendermaßen formulieren:

100 Prozent proaktive Menschen handeln, ohne zu denken, während 100 Prozent reflektive Menschen hauptsächlich nachdenken, aber nie handeln.

Wie ist es bei dir? Denkst du viel nach, bevor du etwas angehst? Schiebst du vielleicht oft Dinge hinaus? Oder erledigst du Aufgaben sofort? Vielleicht bist du auch eine gute Mischung aus beidem?
Es zahlt sich in jedem Fall aus, darüber nachzudenken und gleichzeitig auch zu hinterfragen, ob deine Filter nützlich sind für das, was du in deinem Leben sein und erreichen willst.

5.   META-Programm Referenzrahmen: Intern vs. Extern

Woher weißt du, dass du gute Arbeit geleistet hast? Bist du zufrieden mit dir, wenn du selbst die Arbeit als gut bewertet hast, oder brauchst du jemanden, der dir bestätigt, dass du deine Arbeit gut gemacht hast?

Intern referenzierte Menschen machen Dinge vorwiegend mit sich selbst aus. Sie brauchen auch keine anderen Meinungen, um Entscheidungen zu treffen. Extern referenzierte Menschen hingegen holen gerne Meinungen anderer ein, bevor sie sich auf eine Entscheidung festlegen. Es könnte sogar sein, dass sie eine bereits getroffene Entscheidung revidieren, wenn diese im Nachhinein noch jemand schlechtredet.

Als Beispiel dienen hier Führungskräfte, für die ein hoher Anteil an interner Referenz wichtig ist, weil sie auch unangenehme Entscheidungen oft allein treffen müssen. Gleichzeitig ist es aber auch wichtig, dass sie einen kleinen externen Anteil haben, um auch die Meinungen ihrer Mitarbeiter gelten zu lassen.

Hast du eine Vorgesetzte oder einen Vorgesetzten? Wenn ja, würdest du deren Referenzrahmen und damit die Verteilung intern vs. extern einschätzen?

6. META-Programm Beziehung: Gleichheit vs. Unterschied

Dieses META-Programm verrät dir, ob Menschen primär auf Unterschiede oder auf Gleiches achten.

Wenn du deine Arbeit heute mit der von vor drei Jahren vergleichst, was fällt dir dann auf? Denkst du zuerst an die Dinge, die nach wie vor gleich oder ähnlich sind, oder kommen dir als Erstes Unterschiede in den Sinn?

Menschen, die vermehrt Unterschiede wahrnehmen (**„Mismatcher"**), finden zum Beispiel auch häufig Rechtschreibfehler in Texten, die ein Gleichmensch **(Matcher)** übersehen hätte. Ist dir aufgefallen, dass die Nummerierung in der Überschrift dieses META-Programms falsch ist? Es ist das sechste beschriebene META-Programm, nicht das siebte. Wenn du das bemerkt hast, wäre das zum Beispiel schon mal ein möglicher Zugangshinweis für „Unterschied".

Außerdem hat ein Mismatcher – wie der Unterschiedsmensch auf Neudeutsch bezeichnet wird – auch kein Problem damit, einen Streit anzufangen, was einem Matcher unangenehm ist, denn dieser achtet vermehrt auf Harmonie und verbiegt sich vielleicht auch um des Friedens willen.

Bestimmt kennst du charakteristische Matcher und Mismatcher aus deinem Freundes- und Bekanntenkreis, oder?

7. META-Programm Zeitspeicher: In-time vs. Through-time

Bist du ein Mensch, der meist pünktlich zu Verabredungen erscheint? Oder bist du vielleicht jemand, dem es schwerfällt, pünktlich zu sein, weil oft die Zeit vergeht wie im Flug?

Menschen haben tatsächlich unterschiedliche Zeitwahrnehmungen. Bildlich gesprochen kann man sich das so vorstellen; Through-timer bewegen sich außerhalb der Zeitlinie, haben diese stets gut im Blick und können Zeitabstände gut einschätzen. Im Gegensatz dazu „schwimmen" In-timer in der

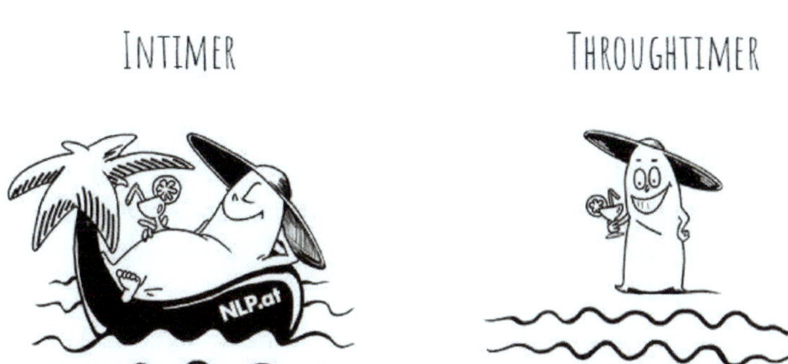

Das ist auch der Grund, warum sie bei Verabredungen häufig zu spät kommen – vielleicht sogar ohne Bescheid zu geben, um die Verspätung anzukündigen. Dem In-timer ist nämlich selbst gar nicht bewusst, wie spät es schon ist.

Das Verständnis für diese Zeitspeicher – zusammen mit der Erkenntnis, dass ein In-timer nicht aus Respektlosigkeit zu spät kommt, sondern weil seine Wahrnehmung einfach eine andere ist, nimmt für so manchen Through-timer einiges an Spannung aus einer vielleicht schon angespannten Situation. Weiter sei erwähnt, dass Through-timer und In-timer gegenseitig sehr voneinander profitieren können. Während Through-timer den In-timern beibringen kön-nen, wie man sich die Zeit besser einteilt, kann der In-timer seinen pünktlichen Kollegen helfen, eine Fähigkeit zu erlernen, die gerade in der schnelllebigen Zeit von heute immer wertvoller wird: einzutauchen in eine Welt, in der Zeit unwichtig ist, um nur im Moment zu sein und alles andere rundherum zu ver-gessen.

8. META-Programm Zeitorientierung: Vergangenheit vs. Gegenwart vs. Zukunft

Bist du jemand, der viel über die Vergangenheit nachdenkt und sich bei Entscheidungen gern auf Erfahrung stützt? Oder triffst du Entscheidungen eher spontan? Vielleicht ist es aber auch dein Sinn für die Zukunft, der dich führt und leitet?

Das META-Programm der Zeitorientierung gibt dir den Hinweis darauf, welcher Zeitabschnitt als der bedeutendste und prägendste wahrgenommen wird. Menschen, bei denen die Vergangenheit stark ausgeprägt ist, werden eher als sensibel wahrgenommen und sie denken viel über Fehler nach, die sie gemacht haben. Im Gegensatz dazu berührt das einen Gegenwarts-Menschen nicht, denn für ihn findet das Leben im Hier und Jetzt statt. Er genießt und surft die Welle des Moments. Zukunftsorientierte Menschen sind klassische Planer, die wissen, was sie wollen und dabei vor lauter Planen oft vergessen, die Gegenwart zu genießen.

Vielleicht möchtest du mal einen Tag lang bewusst deine Gedanken beobachten, um wahrzunehmen, ob diese eher in der Vergangenheit, in der Gegenwart oder in der Zukunft spielen?

9. META-Programm Primäre Interessen: Menschen vs. Ort vs. Aktivitäten vs. Dinge vs. Informationen

Wenn ich dir vorschlagen würde, dir ein Wochenende frei zu nehmen und dieses auf der Couch zu verbringen, wie wäre das für dich?
Wenn bei dir das META-Programm „Menschen" stark ausgeprägt ist, dann würdest du das nur wollen, wenn du von lieben Menschen umgeben bist oder anders mit ihnen in Kontakt sein kannst (z. B. telefonieren oder Nachrichten schreiben).

Wenn für dich Orte wichtig sind, dann ist das für dich okay, wenn du dich zu Hause besonders wohlfühlst. Es wäre aber auch okay, wenn diese Couch auf einem anderen schönen Platz der Erde steht, wo du dich wohlfühlen kannst.

Wenn deine primären Interessen Aktivitäten sind, dann würdest du dich auf der Couch höchstwahrscheinlich nicht wohlfühlen, denn du willst raus, um dich zu bewegen, etwas zu unternehmen – ein Wochenende, ohne etwas zu unternehmen, wäre ein verlorenes Wochenende.

Wenn das META-Programm Dinge bei dir stark ausgeprägt ist, dann wäre es womöglich wichtig, dass deine Couch von einem exklusiven Möbelhersteller ist, und du würdest dir vielleicht überlegen, zur Couch auch noch den passenden Sessel zu kaufen. Zumindest kannst du von der Couch aus noch andere schöne Dinge sehen oder an schöne Dinge denken, die du dir bereits geleistet hast oder noch kaufen willst. Es könnte auch sein, dass du lieber sogar am Wochenende arbeiten würdest, um noch mehr Geld zu verdienen.

Last but not least, wenn dir Informationen am wichtigsten sind, dann verbringst du gerne zwei Tage auf der Couch, solange du die Möglichkeit hast, dir dabei interessante Informationen zu verschaffen – zum Beispiel ein Buch zu lesen, zu lernen oder im Internet zu surfen.

Zusammenfassend geht es hier um die Frage: „Wofür/Warum bewegst du dich?

- hin zu Menschen?
- hin zu besonderen Orten?
- um der Bewegung willen?
- um Geld zu verdienen und um dir was Schönes zu kaufen?
- um Neues zu lernen?

10. META-Programm Sinnessysteme: Sehen vs. Hören vs. Fühlen vs. Riechen/Schmecken vs. Abstraktes Denken: VAK-Kanal

Dieses META-Programm beschreibt unsere Sinne. **Visuell-V oder auditiv-A oder kinästhetisch-K: Welcher Kanal ist bei dir am stärksten ausgeprägt?**

Stell dir vor, du gehst an einem wunderschönen Sandstrand entlang spazieren. Was nimmst du wahr? Welcher Sinn springt hauptsächlich an? Bewunderst du die atemberaubende Landschaft? Hörst du das Rauschen des Meeres? Fühlst du den Sand unter deinen Füßen und den Wind auf deiner Haut? Oder riechst bzw. schmeckst du die salzige Meeresluft? Oder ist das alles vielleicht nebensächlich, weil du so in Gedanken versunken bist, dass du gar nicht bemerkst, was deine Sinneskanäle gerade wahrnehmen?

Jede dieser Fragen beschreibt eine Ausprägung des META-Programmes der Sinnessysteme. Und wenn du das nächste Mal spazieren gehst, vielleicht siehst, hörst oder spürst du mal bewusst hin, welcher Sinn bei dir am stärksten ausgeprägt ist.

11. META-Programm Befriedigung: *Es beschreibt, ob diese Person lieber die eigenen Bedürfnisse oder die Bedürfnisse anderer befriedigt.*

Die erste Person braucht andere zur Befriedigung ihrer Bedürfnisse und lässt sich gerne helfen. Sie kultiviert ihre Schwächen und sucht Schultern zum Anlehnen.

Typische Berufe sind hier: Buchhalter, Forscher
Die alternative Person wird von anderen gebraucht. Sie gibt gern und viel Hilfe. Sie nimmt sich selbst nicht so wichtig.
Typische Berufe sind hier: Arzt, Krankenschwester

12. META-Programm Orientierung:

Hier orientiert sich die Person entweder an den Möglichkeiten, die sich ihr bieten, oder an den Notwendigkeiten.
Die ersten Personen werden durch die Möglichkeiten zum Handeln angeregt. Sie akzeptieren keine Grenzen und mögen keine Routine. Oftmals bringen sie die Dinge nicht unbedingt zu Ende.
Die alternativen Menschen akzeptieren gesetzte Grenzen. Sie bewegen sich im vorgegebenen Rahmen. Die Notwendigkeit motiviert sie. Sie bringen das Projekt/die Aufgabe auf jeden Fall zu Ende.

Das ist also die kurze Zusammenfassung der für mich und meine Klienten wichtigsten META-Programme.

Mehr erfährst du in meinem Coaching-Programm bzw. dann in meinem Buch zu META.

Ich möchte an dieser Stelle nur in zwei dieser META-Programme tiefer einsteigen, um dir zu zeigen, wie mächtig dieses Tool ist.
Das sind die **Programme Nr. 5: Quelle und Nr. 6: Übereinstimmung.**

<u>In dem Programm Nr. 5 Quelle erfasst du den Referenzrahmen deines Gesprächspartners.</u>

Der Typ A findet die Motivation stets in sich selbst. Er beurteilt die Qualität seiner Arbeit immer selbst und hat eigene Werte und Regeln. Anderen gibt er wenig Feedback, da er selbst keines braucht, nach dem Motto: Nicht gemeckert ist gelobt genug. **Eine typische Aussage ist: „Ich bin noch nicht überzeugt!" Starke Führungspersönlichkeiten haben und brauchen einen starken inneren Bezugsrahmen.** Manchmal können sie die Meinung anderer schwer akzeptieren. Das seltene Extrem sind Meckerfritzen mit einem Hang zum Größenwahn.

Der Quelle B-Typ sucht hingegen Motivation und Orientierung von außen. Er orientiert sich an der Meinung anderer, um sich gut und sicher zu fühlen. Diese Typen lassen sich stark beeinflussen von Familie, Kritik, Feedback oder öffentlicher Meinung.

Typische Fragen, um herauszufinden, ob dein Gegenüber A oder B ist:
Woran merken Sie, dass Sie eine Arbeit gut gemacht haben? Wissen Sie es selbst, oder …? Wann sind Sie mit sich zufrieden?

**Beim Programm Nr. 6 – Übereinstimmung unterscheiden wir zwischen dem:
A = Matcher und B = Mismatcher.**

Der **Matcher** bemerkt an einer Situation die Gleichheiten, Übereinstimmungen und Ähnlichkeiten. Er sucht stets nach gleichbleibenden Faktoren und Gemeinsamkeiten, die er aus der Vergangenheit holt. Sie sind die Optimisten und Visionäre. Er ist schnell begeisterungsfähig und konzentriert sich eher auf die Vorteile. Dabei erwartet er die positiven Ergebnisse von gestern und heute und morgen und in der Zukunft. Der Matcher macht gern etwas Neues, weil er schon mit ähnlichen Dingen gute Erfahrungen gemacht hat, zum Beispiel eine Urlaubsreise.

Diese Menschen sind gute Kundenberater, da für sie immer alles in Ordnung ist.

Die **Mismatcher** dagegen konzentrieren sich im Wesentlichen auf Ungleichheiten und Unterschiede. Die moderaten Mismatcher sehen zuerst die Unterschiede und dann die Gleichheiten. Der absolute Mismatcher sieht nur die Ungleichheiten. Für ihn wird die Zukunft dadurch vollkommen anders und nicht berechenbar. Deshalb gehen sie unsicher durchs Leben. Sie erkennen die Haken und Problemzonen. Sie sind oft wenig begeisterungsfähig und machen es den Optimisten schwer.

Was denkst du nun? Ist der Matcher der bessere Mitarbeiter als der Mismatcher?

Beide Eigenschaften sind in einem erfolgreichen Team wichtig und unentbehrlich. Der Matcher ist also der ideale Kundenberater, der auch mit schwierigen Kunden gut zurechtkommt.
Der Mismatcher ist der ideale Controller, der die Fehler im System schnell sieht und aufdeckt. Er macht zwar den anderen das Leben manchmal schwer, ist aber für gute Betriebsergebnisse unentbehrlich. Dieser Typ ist auch für den Chef ein guter Spiegel.

Eine typische Frage, um festzustellen, ob er A oder B ist:

Hat der Weltfrieden auf Dauer eine Chance? Beim Matcher schon und beim Mismatcher, was denkst du??

Jetzt sind wir mit den ersten Kapiteln: SDWA 4-Analyse und META-Programme durch. Damit haben wir entscheidend an deinem Mindset gearbeitet. Du kannst dich jetzt besser einschätzen und auch dein Gegenüber. Du bist mit diesen zwei mächtigen Tools/Programmen in der Lage, alle deine Gespräche mit Lieferanten, Kunden oder Mitarbeitern viel schneller und mit Leichtigkeit zum gewünschten Ergebnis zu bringen.
Ich wünsche dir viel Erfolg dabei!

Teil 3: Die 4-Schritte-Delfin-Strategie

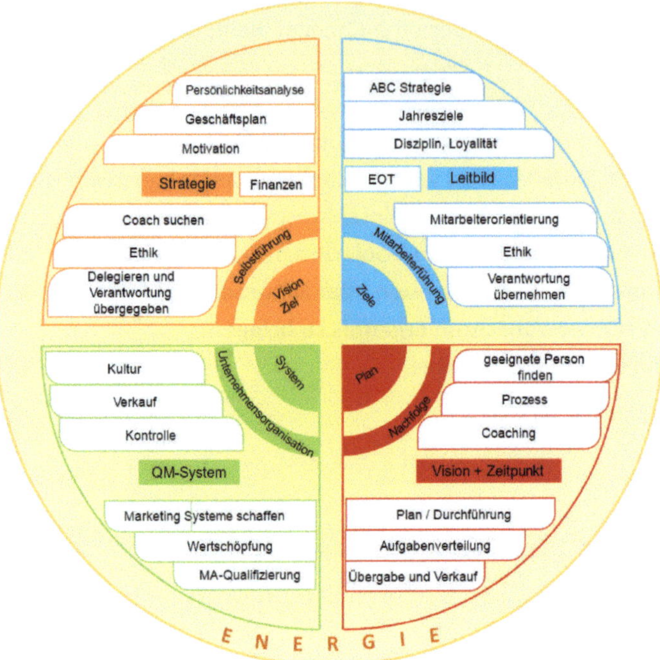

Schema: Die 4-Schritte-Delfin-Strategie

In diesem Kapitel stelle ich dir mein Schema zur 4-Schritte-Delfin-Strategie vor.

Wir waren bisher im linken oberen Quadranten:

Dein Mindset und deine Selbstführung. Wichtig ist also hier, die Frage für dich zu beantworten: Wer führt den Führer? Was bedeutet gutes Leadership? Dazu kommen jetzt einige Denkanstöße und Denkansätze von mir für dich.

3.1 Warum ein Coach?

Warum solltest du dir in wichtigen Lebensfragen und gerade als Leadership-Student einen Coach suchen?

Jeder Mensch, der mehr aus seinem Leben machen will, egal ob als Unternehmer oder als Führungspersönlichkeit, sollte einen Mentor haben. Mentoring durch einen Berater oder Coach bringt dir folgende vier Dinge:

- **Neue Ideen – durch den Blick des externen Beobachters**
- **Kontinuität – durch extrinsische Motivation**
- **Begleitung – und damit Sicherheit in der Umsetzung**
- **Verlässlichkeit – durch Förderung der Prozesse und Fördern von Ergebnissen**

Ein Coach kann dich zu viel höheren Leistungen und besseren Ergebnissen führen, als du es allein jemals schaffen würdest. Die Erfolge von Leistungssportlern sind der beste Beweis dafür.

Ein Coach kann viele Positionen innehaben:

Manchmal ist er Starthelfer, dann wieder Berater, ein anderes Mal Katalysator, Prozessbegleiter, Trainer oder Moderator und sehr oft auch einfach ein guter Zuhörer.

Das Wort „Coach" hat seinen Ursprung im Ungarischen und bedeutet „Kutsche". Nun, die Kutsche ist ein Beförderungsmittel von einem Ort zum anderen. Wer sich in eine Kutsche setzt, hat ein Ziel vor Augen, und die Kutsche ist dabei Mittel zum Zweck. Wenn der Reisende dem Kutscher sein Ziel genannt hat, so verlässt er sich darauf, dass der Kutscher den Weg zum Ziel kennt und findet. Er bringt ihn seinem Ziel schneller näher.

Deshalb solltest du dir immer einen Kutscher = Coach suchen, der den Weg zum Ziel selbst schon einmal gegangen oder gefahren ist. Dieser Coach sollte also das, was du als Ziel hast, selbst schon erreicht oder absolviert haben.

Der Coach ergründet zuerst die Bedürfnisse des Coachees und legt dann die entsprechende Strategie (Fahrtroute der Kutsche) fest, um das Ziel bestmöglich zu erreichen. Der Coach gibt oft die notwendigen Impulse, damit der Kunde seinen Weg allein geht und sein Ziel findet.

Hast du schon einmal über ein Coaching nachgedacht?

3.2. Eigenschaften eines guten Leaders

Ein guter Anführer gibt seinen Teammitgliedern Sicherheit.
Ein guter Anführer ist für mich jemand, der seinen Mitarbeitern Vertrauen geben und so den Weg in einen Vertrauenskreislauf ebnen kann. Das bedeutet aber gleichzeitig – gerade in Zeiten politischer und wirtschaftlicher Unsicherheit – die Übernahme einer großen Verantwortung und Verpflichtung, um einen Rahmen von Vertrauen und Sicherheit zu schaffen.

Es hängt also immer vom Umfeld ab. Wenn wir uns im richtigen Umfeld bewegen, kann jeder Einzelne von uns ganz hervorragende Dinge leisten. Für dieses Umfeld muss immer der Leader sorgen.
Ich habe mich mit einigen solcher Helden unterhalten. Sie hatten im Januar 2024 viele Einsätze als freiwillige Helfer bei der Sicherung der Deiche in Oberröblingen in Sachsen-Anhalt vor dem plötzlichen Helme-Hochwasser.

Ich fragte sie: „Warum tut man so etwas? Warum hast du es für diese fremden Menschen getan?"
Sie sagten alle: „Weil sie es auch für mich getan hätten!"

In solchen Situationen rücken wir Menschen einfach ohne Bedenken näher zusammen. Plötzlich überlegt man nicht mehr. Die Helfer und Retter wurden angetrieben von einem tiefen Gefühl des Vertrauens und der Zusammenarbeit. Das Problem beim Umgang mit diesen Begriffen: Vertrauen und Kooperation sind in diesem Moment die tief empfundenen Emotionen bei den Helfern und keine Befehle oder Anweisungen. *Ich könnte dir jetzt sagen: „Vertrau mir!" … und du vertraust mir dann einfach? … Vertraust du mir dann wirklich? Was glaubst du?*

Ich kann also nicht einfach zwei Leute anweisen, mit mir zu kooperieren, und sie tun es dann auch …?

So funktioniert das leider nicht! Menschen brauchen dieses „Gefühl". Aber woher kommt das Gefühl eigentlich?

Schauen wir zu unseren Vorfahren und gehen also 50.000 Jahre zurück in die frühen Tage des Homo sapiens. Dann sehen wir eine Welt voller Gefahren. Alle äußeren „Kräfte" setzten alles daran, uns zu töten. Das war nichts Persönliches. Es war einfach alles gegen uns: das Eis, das Wetter, der Säbelzahntiger usw. Alle arbeiteten gemeinsam an der Verkürzung unseres Lebens. Wir waren also gezwungen, uns zu einem sozialen Tier zu entwickeln, indem wir zusammenlebten und -arbeiteten in einem sicheren Kreis, dem wir uns zugehörig fühlten. Wenn wir uns also unter unseresgleichen sicher fühlten, dann ging das nur mit Vertrauen und Kooperation. Das waren die natürlichen Voraussetzungen.

Es brachte viele Vorteile: Ich konnte also darauf vertrauen, dass jemand aus meinem Stamm nachts Wache hielt, während ich schlief. Wenn das nicht funktioniert hätte, wäre es ein schlechtes Überlebenssystem gewesen.

Heute ist es noch genauso: Die Welt ist voller Gefahren, es gibt genug Dinge, die unser Leben oder unsere Erfolgsaussichten negativ beeinflussen wollen:

- **das Auf und Ab der Wirtschaft**
- **die Unsicherheit der Börse**
- **eine neue Technologie, die ein altes Geschäftsmodell überflüssig macht**
- **ein Konkurrent, der versucht, dich „aufzufressen" oder daran arbeitet, dir dein Geschäft kaputt zu machen**

Es steht fest: Wir haben keine Kontrolle über diese äußeren Kräfte. Sie sind aber immer da. Sie werden nicht verschwinden und sind damit eine zyklische Konstante in unserem Leben.
Das ist das Wesen des Wettbewerbs im Kapitalismus.

Die einzigen Variablen sind die Bedingungen innerhalb einer Organisation, Familie oder Firma. Hier ist die richtige Führung oder Leadership entscheidend, weil der Anführer den Ton angibt. Wenn der Leader entscheidet, die Sicherheit und das Leben der Menschen innerhalb der Organisation vor die konkreten Ergebnisse zu stellen, sodass die Menschen hier gern bleiben wollen und sich sicher und zugehörig fühlen, passieren auf einmal bemerkenswerte Dinge mit den Menschen. Ich persönlich habe während meiner über 30-jährigen Firmengeschichte immer das Gehalt der Mitarbeiter pünktlich bezahlt. Das war einer der Sicherheitspfeiler, die ich ihnen bieten konnte, und darauf bin ich heute sehr stolz.

Während einer Flugreise beobachtete ich folgenden Vorfall: Ein Passagier versuchte sich vorzudrängeln. Ich sah, wie die Sicherheitsbeamtin den Mann wie einen Verbrecher behandelte. Der Mann wurde angeschrien, weil er die Reihenfolge nicht einhielt. Das war mir gefühlsmäßig zu viel.
Ich sagte zu ihr: „Warum behandeln sie ihn nicht wie einen Menschen?" Sie antwortete: „Wenn ich mich nicht an die Regeln halte, könnte ich Schwierigkeiten mit unserem Vorgesetzten bekommen oder sogar meine Arbeit verlieren." Mit anderen Worten ausgedrückt: Sie fühlte sich nicht sicher in ihrer Arbeit, sie vertraute also ihren Anführern nicht. Ich kann euch aus meiner Erfahrung aus meiner Arbeit beim Besuch von Arztpraxen oder Altenheimen sagen: Die ersten zwei Mitarbeiter und die ersten zwei Bewohner, die mir in einer solchen Einrichtung über den Weg laufen, lassen mich an ihrem Verhalten erkennen, wie die Chefs dieser Einrichtung ticken. Treten sie sicher oder unsicher auf? Welcher Ton herrscht hier? Mit meinem geschulten Auge sehr ich genau, ob die Leute ihren Anführer fürchten oder ihm vertrauen.

Mein Umkehrschluss ist:

Wenn die Bedingungen nicht stimmen, müssen wir unsere Zeit und Energie aufwenden, um uns voreinander zu schützen. Und das schwächt automatisch die Firma oder Organisation.

Was glaubt ihr, in wie viel Prozent der Unternehmen das heute noch so ist? Da kann jeder für sich selbst mal überlegen …

Ein sicheres Gefühl innerhalb eines Betriebs lässt uns automatisch unsere Talente und Stärken unermüdlich dafür einsetzen, den äußeren Gefahren zu begegnen und gute Gelegenheiten zu ergreifen oder Chancen zu nutzen, um die Firma voranzubringen.

Die beste Beschreibung dafür, was ein guter Anführer ist, sind für mich Eltern. Bist du Elternteil? Was wünscht man sich von guten Eltern? Was macht sie aus?

Gute Eltern geben ihren Kindern die Möglichkeit zur Entwicklung, Bildung und wenn notwendig zur Disziplin, sodass sie behütet aufwachsen und vielleicht mehr erreichen, als die Eltern geschafft haben.

<u>Große Anführer oder Leader wollen nur eins:</u>

Sie wollen ihren Anvertrauten Möglichkeiten zur Entwicklung, Bildung und wenn notwendig zur Disziplin geben, ihr Selbstvertrauen stärken und Versuche und Fehlschläge erlauben, sodass sie mehr erreichen, als sie sich jemals vorgestellt hätten. Dafür schaffen sie gern die Rahmenbedingungen.

Charlie Kim, der Leiter des New Yorker Technikunternehmens Next Jump, argumentiert wie folgt: „Wenn es in Ihrer Familie hoch herging, haben Sie dann jemals in Erwägung gezogen, Ihr Kind zu entlassen?" Das würde doch niemand tun! Warum denken wir dann in Unternehmen so schnell über Entlassung nach?

Charlie Kim entwickelte ein System zur lebenslangen Beschäftigung. Wer in dieser Firma arbeitet, wird nicht wegen Leistungsproblemen gefeuert. Jemand, der Probleme hat, bekommt Betreuung und Unterstützung (wie wir es auch bei unseren Kindern tun).

<u>**Hier ein Beispiel aus meiner Firma:**</u>

Mein Mitarbeiter für den Technischen Service, nennen wir ihn Rolf H.:

- hat mir in einer Notsituation geholfen, als er kurzfristig eine freie Stelle antrat; dafür war ich ihm immer dankbar
- hat lange gebraucht, um sich zu einem guten B-Mitarbeiter zu entwickeln
- Aufwand und Nutzen standen bei ihm oft in keinem guten Verhältnis
- war immer fleißig und loyal, hat unter Kontrolle mit meiner Hilfe als Leader gute Ergebnisse erzielt
- eine positive Entwicklung war klar erkennbar
- zu seinem 60. Geburtstag habe ich ihm eine David-Statue von Michelangelo geschenkt als Symbol für seine gute Entwicklung als Mitarbeiter, seine Loyalität zur Firma und weil immer Verlass auf ihn war

Leider ist eine solche Unterstützung heute in den wenigsten Firmen der Fall. Deshalb haben so viele Menschen eine solche Wut im Bauch: zum Beispiel auf leitende Mitarbeiter von Banken mit unverhältnismäßigen Gehältern plus Boni, auf leitende Angestellte der Rundfunkanstalten, auf Politiker mit ihren hohen Diäten usw.

Es liegt nicht an Zahlen, sondern daran, dass grundlegende Führungsprinzipien verletzt werden. Und das widerspricht diesem tief in uns verwurzelten Gesellschaftsvertrag, bei dem Vertrauen eine entscheidende Rolle spielt. Es ist einfach beschämend, dass diese Leader ohne Rücksicht ihre Mitarbeiter opfern, um ihre eigenen oder die Interessen der Investoren zu schützen.

Ich möchte an dieser Stelle an den Film „Pretty Woman" mit Richard Gere und Julia Roberts in den Hauptrollen erinnern. Zum Schluss wurde der Protagonist durch die Liebe zu einem besseren Mindset und Verhalten bekehrt.

<u>**3.3 Warum geben dir gute Anführer die Sicherheit?**</u>

Hätten wir ein Problem, wenn Ghandi oder Mutter Teresa ein Jahres-Gehalt von 1 Mio. Euro oder mehr erhalten würden?

Ich glaube: nein, ganz und gar nicht. Denen gönnen wir das gern.

Große Führer würden Menschen nie wegen der „Zahlen" opfern. Eher würden sie die Zahlen opfern, um die Menschen zu retten.

<u>**Leadership ist also zusammengefasst immer:**</u>

eine Entscheidung, keine Rangfolge! Ich kenne viele Mitarbeiter in sogenannten Chefetagen, die keine guten Leader sind. Stattdessen sind sie Herrscher, und die Mitarbeiter tun, was sie sagen, weil ihnen die Befehlsgewalt über sie gegeben ist, aber sie würden ihnen in der Not nicht folgen.
Und ich kenne viele Menschen an der Basis von Firmen, die keine Macht haben, aber dennoch echte Anführer sind. Denn sie haben sich entschieden, sowohl auf die Person links von sich als auch auf die rechts zu achten.
Das macht einen wahren Leader – eine wahre Führungspersönlichkeit – aus! Alle werden beachtet und mitgenommen.

Leader heißen so, weil sie vorangehen und immer die Ersten sind, die Risiken eingehen. Sie heißen so, weil sie bereit sind, sich für die Sicherheit und das Wohl ihrer Mitarbeiter aufzuopfern.

Die natürliche Reaktion darauf ist, dass auch die Mitarbeiter für ihren Chef Opfer bringen. Sie geben ihr Blut, ihren Schweiß und ihre Tränen, um die Vision ihrer Anführer zu verwirklichen.
Und wenn wir sie fragen: „Warum tun Sie das für Ihren Chef? Warum bringen Sie diese Opfer?", ist die Antwort stets die gleiche: „Weil er es auch für mich tun würde!"

Wäre das nicht eine Firma, in der wir alle gerne arbeiten würden?

3.4. Was macht einen Leader wirklich groß?

Führung ist vielleicht eines der am meisten falsch verstandenen Themen in unserer Wirtschaft. Echtes Leadership hat nichts mit Rang zu tun. Ich kenne viele Anführer (Geschäftsführer, Unternehmer), die auf der höchsten Ebene (Position) einer Firma stehen und keine wirklichen Leader sind.

Ihre Angestellten (untergebenen Mitarbeiter) tun, was diese sagen, weil sie Macht durch ihre Position besitzen. Autorität ist damit aber nicht automatisch vorhanden. Diesen Anführern vertrauen sie nicht, und sie folgen ihnen nicht wirklich – das heißt, sie stehen nicht hinter ihnen und ihren Entscheidungen. Und dann kenne ich Menschen auf niedrigeren Ebenen der Leitungspyramide, die keine Autorität per Arbeitsvertrag und Position haben. Diese Menschen haben aber die Entscheidung getroffen, sich um die Person neben sich zu kümmern. Würden wir diesen Menschen nicht viel mehr trauen und ihnen folgen?

Ich denke – ja!

„Führung ist also für mich die persönlich selbst übernommene Verantwortung, die Menschen um uns herum wachsen und aufsteigen zu sehen. Jeder von uns kann sich entscheiden, der Anführer zu sein oder zu werden, der er immer sein wollte und den die Mitarbeiter brauchen!"

Wir können unsere Teams führen, aber auch unseren jeweiligen Gesprächspartner oder unseren Kunden, wenn wir beschließen, diese mit ganzer Kraft zu unterstützen und sie wachsen zu sehen, damit sie ihre eigenen Ziele und Träume (und damit auch unsere) verwirklichen können.   Das ist echtes Win-win.

Das bedeutet: dienende Führung/Leadership.

Ich als Leader diene also dem Traum meiner Mitarbeiter, und nicht sie dienen meinem Endergebnis. Dabei ist es völlig in Ordnung, finanzielle Ziele zu haben. Und es ist notwendig, Kennzahlen zu haben.

Wenn du also deine Kunden richtig führst, werden sie dir vertrauen und dir ihr Geld gern als Lohn für deine seriöse Leistung geben, weil sie von deiner Expertise, deiner Seriosität und deiner Ehrlichkeit überzeugt sind.
Das muss dein oberstes Ziel im Umgang mit deinen Kunden sein! Dann hast du deinen Job im Kontext „Kunde < -- > Lieferant" richtig gemacht!

Die guten und besten Leader, die ich kenne, sind „Studenten des Leadership", denn es gibt keine Ausbildung als Experte für Führung/Leadership. Genauso wenig gibt es einen Experten für Erziehung in der Familie (auch Elternteil genannt). Wenn du also Kinder hast, bist du ein Leben lang Elternteil im Studium der Erziehungsmethoden, die altersbedingt ständig optimiert und angepasst werden müssen.

Wir Führungskräfte sind also ewige Studenten des Leadership, das gilt auch für die ranghöchsten Führungskräfte in unseren Unternehmen. Sie lesen ständig Bücher, studieren Artikel, schauen sich Vorträge an, und in jedem täglichen Gespräch mit den Mitarbeitern vervollkommnen sie ihre Fähigkeiten im Leadership.
Wenn du also ein guter Führer sein willst, solltest du jetzt die bewusste Entscheidung treffen, ein ewiger Student dieses Fachs zu sein.

Wenn man in etwas gut sein oder besser werden will, muss man es studieren. Dafür brauchst du die entsprechende Persönlichkeit mit dem Leader-Mindset. Deshalb fangen meine Coachings zur 4-Schritte-Delfin-Strategie immer mit deinem Mindset an, das durch die SDWA-4-Analyse festgestellt wird.

<u>**Eine letzte These von mir:**</u>

Beim Führen reden wir oft nur über Vision und Charisma des Leaders. Ja, das ist sehr wichtig. Aber ich kenne auch einige wundervolle und erfolgreiche Leader, die keine weltverändernde Vision haben. Ich kenne auch Leader, die oft still in einer Ecke sitzen, die aber die für mich entscheidende Eigenschaft haben.

Sie haben den MUT

- **anzufangen und eine Vision voranzutreiben**
- **die kurzfristigen Höhen und Tiefen ihres Geschäfts zu akzeptieren**
- **Risiken für Menschen einzugehen**
- **an Menschen zu glauben**
- **die Wahrheit zu sagen**
- **das Notwendige und Richtige gleich zu tun**
- **Integrität zu haben**

„Mut ist die am meisten unterschätzte Eigenschaft von wahren Leadern!"

<u>3.5. Lachen als Wert: Gehört zu einem positiven Mindset dazu</u>

Das Lachen kommt gerade in unserem Land oftmals viel zu kurz. Stimmst du mir da zu?

Jetzt geht es um Sonnenschein in unserem Kopf und unseren Beziehungen. Magst du die Sonne? Wahrscheinlich. Und so wie die Sonne unser Umfeld zum Strahlen bringt, so kann Humor unser Inneres zum Strahlen bringen, ebenso wie unsere Beziehungen.

Fangen wir gleich mit dem **ersten Tipp** an: *Lächeln.*

Lächele, denn so zeigst du dir und anderen deine Bereitschaft für fröhliche Momente. Neurologisch würden wir hier von Spiegelneuronen sprechen. Das, was wir sehen, hat einen direkten Einfluss auf unser eigenes Befinden. Wenn wir ein trauriges Gesicht sehen, werden wir traurig. Die Wut eines anderen Menschen macht uns selbst wütend. Und das Lächeln eines anderen

Menschen zaubert uns ein Lächeln aufs Gesicht. Da wir an erster Stelle für unser eigenes Verhalten verantwortlich sind und nicht für das Verhalten eines anderen Menschen, können wir selbst den Anfang machen. Probiere es aus.

Lächle! Und die Welt wird zurücklächeln.

Gerade jetzt, wo vieles in unserem Umfeld anstrengend ist, manches sogar besorgniserregend, ist es wichtig, positive Energie in die Welt zu senden. Mit einem Lächeln sendest du diese positive Energie. Dem deutschen Schriftsteller Otto Julius Bierbaum wird der sehr bekannte Satz zugeschrieben:

„Humor ist, wenn man trotzdem lacht.“

Daher gleich der **zweite Tipp**: *Lachen*.
Sieh dir lustige Filme an oder lache einfach mal so. Suche nach lustigen Situationen oder beginne eine Besprechung diese Woche mal mit einem Lachen oder einem Witz. Das hört sich komplizierter an, als es ist. Lachen ist eine Tätigkeit, die du einfach und ohne Anlass üben kannst. Wir brauchen gerade jetzt eine Welt, in der mehr gelacht wird, denn wer lacht, kann nicht beißen. Übe diese Woche einfach zu lachen, selbst wenn dir nicht nach Lachen zumute ist.

Lachen ist gesund.

Und der **dritte Tipp**: *Suche in jeder Situation die positiven Seiten* und versuche, folgende Formulierungen anzuwenden:
„Na wenigstens haben wir …“ oder „umso besser, dann können wir ja …“ oder Ähnliches. Jeder Situation kann etwas Gutes abgewonnen werden.

Bei meinem Nachdenken über Humor habe ich auch auf Wikipedia nachgesehen. Dort wird unter anderem die Geschichte von Xerxes beschrieben, der den Griechen gedroht hatte: „Ich habe so viele Bogenschützen, dass ihre Pfeile die Sonne verdunkeln werden!“ Die Antwort des Spartaner Königs Leonidas war selbst im Angesicht des Todes lustig: „Umso besser – dann kämpfen wir im Schatten!“ So bringt der Humor den komischen Aspekt jeder Situation zum

Ausdruck und hilft uns dabei, uns selbst nicht so wichtig zu nehmen. Denn mal ganz ehrlich: Oft nehmen wir uns selbst doch viel zu ernst.

Bei allem Gejammer, das wir hören, geht es uns im Vergleich zu Leonidas doch sehr gut. Mit solchen Formulierungen können wir auch unsere Schlagfertigkeit üben.

Der **vierte Tipp**: *Humor entsteht aus einer Grundhaltung der Zufriedenheit.*

Über Dankbarkeit hatte ich ja schon geschrieben und hier folgt ein weiterer konkreter Grund, warum Dankbarkeit so wichtig ist. Dankbarkeit schafft Zufriedenheit und angesichts dessen gedeiht der Humor als fröhliche Grundhaltung am besten. Unzufriedenheit ist des Humors Feind.

Abschließend der **fünfte Tipp**: *Eine fröhliche innere Haltung schafft eine gute Verbindung zwischen Menschen.*

Humor ist eine konstruktive Energie, die uns miteinander verbindet. Ganz im Gegensatz zu Ironie, Spott und Zynismus. Sei damit sehr vorsichtig bzw. meide dieses Verhalten, das manche Menschen wohl auch für lustig halten. Es mag mit einem Lachen einhergehen, aber dieses Lachen ist kein gutes Lachen, denn die Energie, die aus der Abwertung anderer Menschen entsteht, ist weder konstruktiv noch gut.

Vielleicht bietet gerade diese Woche eine gute Gelegenheit, Humor im Sinne von Heiterkeit, Gelassenheit und Fröhlichkeit zu üben. Denn so wird Humor zu eigener Kompetenz, die Menschen miteinander verbindet. Das ist vielleicht die wichtigste Entwicklung, die unsere Gesellschaft gerade braucht. Dort, wo Spaltung droht, brauchen wir viele Menschen, die Brücken bauen – und das geht am besten mit Humor. Außerdem sind humorvolle Menschen sympathisch. So macht Humor Unternehmen sympathisch. Falls du Interesse daran hast, ein sehr guter Arbeitgeber zu sein, der viel bessere neue Mitarbeiter findet: Versuche es diese Woche einfach mit Humor.

So wünsche ich dir einen fröhlichen und humorvollen Start in die nächsten Wochen des Lächelns – mit vielen guten Gesprächen und schönen Momenten.

Lebensfreude ist mein höchster Wert. Deshalb ist mir das Lachen noch nie schwergefallen.

Wie sieht es bei dir aus?
Lachst du auch so gerne?
Wie sieht es bei dir aus mit dem Wert: Lebensfreude?

3.6. Du brauchst Routinen in deinem Tagesablauf

Als Nächstes rate ich dir, Routinen in deinen Tagesablauf zu integrieren. Routinen machen dein Leben in allen Bereichen zufriedenstellender und erfolgreicher.

Die wichtigste Routine ist für mich die tägliche Morgenroutine.
Hast du schon eine tägliche Morgenroutine?
Ist dein Leben in allen Bereichen ausgeglichen?

Ist deine Lebensbalance also in Waage, oder neigt sich die Waagschale in die Richtung deines Jobs und deiner Pflichten?

Hältst du die Termine mit dir selbst also stets ein, oder bist du da nachlässig, wie die meisten von uns Führungskräften?

Inhalt dieses Buches soll es nicht nur sein, die Lebensfreude zu beschreiben, die für deinen aktiven Ausgleich zum stressigen Berufsalltag sorgen soll. Freude und Liebe zu deinen Tätigkeiten sind sehr wichtig, und regelmäßig solltest du auch deine Seele einfach aus dem Fenster „baumeln lassen".

7 Gründe, warum eine Morgenroutine dich erfolgreicher macht

Warum ist eine Morgenroutine so wichtig?

Die Morgenroutine gibt einen Rhythmus vor, der dabei hilft, wach, klar und voller Energie durchzustarten. Sie entlastet den Kopf, der sich keine Gedanken mehr darüber machen muss, was morgens zu tun ist.

Gewohnheiten der Morgenroutine – wie das Aufstehen zur gleichen Zeit – verringern das Risiko zu verschlafen.

Wie bist du heute in den Tag gestartet?

Hattest du einen guten Morgen? Oder bist du mit dem „falschen Bein" aufgestanden?

Ob du es glaubst oder nicht, deine Morgenroutine ist einer der wichtigsten Faktoren über deinen Erfolg.

Du kannst noch so viele gute Vorsätze oder Ideen für einen Tag haben, wenn du schlecht in den Tag startest, wird es unglaublich schwer, diese Vorsätze einzuhalten.

1. **Du erlebst keine unangenehmen Überraschungen**
   Eine **Morgenroutine** sorgt dafür, dass du konstant gut in den Tag startest.
2. **Deine Morgenroutine bestimmt, wie dein Tag verlaufen wird**
3. **Deine Zeit ist wertvoll**
   Ich kann hier nur immer wieder den guten Seneca zurate ziehen.   Einen Ratschlag, den er uns mit auf den Weg gibt:
   „Das Leben ist lang genug, wenn du weißt, wie du es nutzt!"
4. **Deine Willenskraft ist begrenzt und trainierbar**
   Was ist eigentlich Willenskraft?
   Willenskraft ist die Fähigkeit, deine Impulse zu kontrollieren.   Umso stärker deine Willenskraft ist, desto leichter fällt es dir, dich auf wichtige Aufgaben zu konzentrieren, dich an deine Pläne zu halten und Versuchungen zu widerstehen.
   Stell dir deine Willenskraft wie einen Muskel vor. Immer wenn du dich dazu überwinden musst, etwas zu tun, spannst du den Muskel an. Und genau wie beim Krafttraining kann dein Muskel stärker werden, je öfter du ihn benutzt.
   Du kannst ihn aber auch überanstrengen.
5. **Eine Morgenroutine macht dich produktiver**
   Ein geregelter Start in den Tag macht es dir wesentlich leichter, produktiv zu sein.
   Wie funktioniert das?
   Indem du Produktivität direkt in deine Routine einbaust.

Sagen wir, du beginnst den Tag, indem du ein großes Glas Wasser trinkst, ein bisschen Sport machst, kurz meditierst und etwas frühstückst. **Mach es dir zur Gewohnheit, sofort danach etwas Produktives zu tun!** Dein Gehirn schaltet nach ein paar Tagen oder Wochen den Autopiloten ein und du kannst ohne großen Aufwand von Energie oder Willenskraft gleich am Morgen etwas Wichtiges erledigen.

6. **Eine Morgenroutine macht dich gesünder**

   Ein geregelter Start in den Tag macht dich aber nicht nur produktiver, sondern auch gesünder.

   Erstens kannst du dir viele gesunde Gewohnheiten in deine Routine packen. Du kannst zum Beispiel damit anfangen, jeden Morgen fünf Minuten Sport zu machen oder gesünder zu frühstücken.

   Zweitens bestimmt deine Morgenroutine aber auch, wie gesund dein restlicher Tag wird.

   Auch hier kommt wieder deine Willenskraft ins Spiel.

7. **Eine Morgenroutine ist die Grundlage für deinen Erfolg**

   Wie du siehst, ist der Morgen die wichtigste Zeit des Tages.

   Hier entscheidet sich, wie dein Tag verlaufen wird, wie produktiv und gesund du sein wirst. Die meisten erfolgreichen Menschen haben eine Morgenroutine und genau darum finde ich dieses Thema so wichtig.

   Umso besser du darin wirst, gut in den Tag zu starten, desto erfolgreicher wirst du sein.

   Ich habe seit langer Zeit eine feste Morgenroutine. Ich kann dir das gern persönlich erzählen, wie sie aussieht.

<u>Meditation: meine Tipps zum richtigen Meditieren</u>

Wann ist der beste Zeitpunkt zum Meditieren?
„Das Leben ist ein Geschenk, das ich jeden Morgen neu auspacke."
Christian Bobin

„Wir denken, dass wir unseren Hund mittags und abends zum Pinkeln ausführen. Schwerer Irrtum: Die Hunde laden uns zweimal am Tag zur Meditation ein."

Daniel Pennac

Es ist dir vollkommen freigestellt, wann du meditierst. Es gibt keinen guten oder schlechten Zeitpunkt. Mache daraus eine Gewohnheit, integriere es als Routine in deinen Alltag. Manche meditieren morgens nach dem Aufstehen, andere nach dem Duschen, andere bei der Ankunft im Büro, vor der Mittagspause, während der Mittagspause, nach der Mittagspause, nach dem Sport, abends nach dem Nachhausekommen, beim Gassigehen mit dem Hund, vor dem Schlafengehen … Jeder Meditierende hat seinen eigenen Zeitpunkt. Finde den, der am besten zu dir passt, und halte dich daran. Wähle einen Zeitpunkt, wo du ungestört bist, es für dich passt, du normalerweise nicht müde bist und wenn du Ruhe und Klarheit gebrauchen kannst …

Die Amerikaner haben es auf diese Formel gebracht „RPM – rise, pee, meditate": Steh auf, pinkle und meditiere.

Du kannst dieser Routine zur Intensivierung auch noch tägliche Kurzmeditationen hinzufügen (von 10 Sekunden bis 1 bis 2 Minuten), irgendwann im Laufe des Tages, um wieder eine Verbindung zu sich selbst herzustellen: am Anfang einer Versammlung, wenn man einen Flur entlanggeht, im Zug, beim Essen.

In welcher Körperhaltung soll ich meditieren?

Dafür gibt es keine strengen Regeln. Keiner zwingt dich zum Lotussitz (dem bekanntesten Symbol oder eher Klischee für Meditation), ein einfacher Stuhl oder ein bequemes Kissen tun es auch. Man kann überall ganz diskret und effektiv meditieren.

An erster Stelle steht, dass du gut und frei atmen kannst, dich wohlfühlst, fest verankert bist, offen, stabil, in einer wachen Haltung mit einem frischen Geist sitzt, und vor allem sollte die Haltung physiologisch korrekt sein (insbesondere für den Rücken).

Die effektivste Meditationshaltung ist:

Auf einem Stuhl, beide Füße flach auf den Boden, die Beine leicht geöffnet, den Kopf würdevoll, als hinge er an einem Faden am Himmel, der Rücken gerade mit seinen natürlichen Krümmungen, dafür das Becken leicht nach hinten kippen.

Wie häufig soll ich meditieren?

„Es ist besser, der Veränderung die Hand zu reichen, als zu warten, bis sie uns an der Kehle packt."

Winston S. Churchill

Ich empfehle, möglichst täglich zu meditieren, zumindest von Montag bis Freitag, am Wochenende darf unsere Routine durcheinanderkommen.

Wichtig ist ein regelmäßiges Dranbleiben.

Sei nicht beunruhigt, wenn du mal einige Tage pausieren musst. Nimm das vielmehr zum Anlass, deine Gedanken und Emotionen dazu zu untersuchen. Kehre zu deiner tiefen Motivation zurück.

Wenn du mit Meditation beginnst, können 10, 15 Minuten Meditation dich schon zum Abschalten bringen. Sie können dir helfen, deine Aufmerksamkeit auf dich selbst zu richten und dir allmählich die Kompetenz verleihen, ruhig zu werden und den Funken deiner Aufmerksamkeit gezielt zu steuern. Du kannst auch tagsüber 3- bis 7-minütige Meditationspausen einlegen und so immer mal wieder den Kontakt zu diesem Zustand von Ruhe und Klarheit herstellen. Und nach ein paar Monaten werden wahrscheinlich 20- bis 30-minütige Sitzungen für dich geeignet sein.

Denke aber stets daran, dass bei der Meditation die Qualität deiner Aufmerksamkeit wichtiger ist als die Länge der Sitzung.

Wo kann ich meditieren?

Diese Frage steht in engem Zusammenhang mit der nach dem richtigen Zeitpunkt. Zeit und Ort spielen ineinander, und es ist deine Aufgabe, für dich die beste Kombi zu finden.

An sich kannst du überall meditieren. Am besten eignen sich Orte, wo du nicht zu stark gestört wirst und bequem sitzen kannst.

Manche meditieren im Schlafzimmer nach dem Aufstehen, manche unter der Dusche oder auch im Nahverkehr, andere in ihrem Büro, beim Fitnesstraining,

in der Natur an einem See oder in einem Park, beim Friseur, in der Warteschlange, mit dem Hund an der Leine, am Strand usw. Jeder Meditierende hat
seinen eigenen geeigneten Ort.

Finde das für dich Passendste und halte dich daran.
Manche Orte mögen perfekt sein, aber vielleicht ein bisschen zu laut. In dem
Fall raten wir dir zum Kauf guter Kopfhörer, um die Sitzungen wirklich gut zu
verstehen.

Woher nehme ich mir die Zeit?

„Man braucht täglich eine halbe Stunde Meditation, es sei denn, man ist sehr
beschäftigt. Dann braucht man eine Stunde."

Traditionelles Sprichwort

Das ist das Hauptproblem beim Meditieren Es gibt moderne Apps für das
Handy, die Meditationssitzungen jederzeit und an jedem Ort im modernen Alltag anbieten. Dein Smartphone hast du immer zur Hand und es kann dir neue
Momente (manche nennen diese tote Zeit) zum Meditieren öffnen, still für
sich, aber unter Anleitung: im Bus, in der Warteschlange, im Büro usw.

**Der Schlüssel aber, der dir das Zeitfenster zu einer Pause des Nichtstuns in-
mitten der Lawine von Taten und Aktivitäten öffnet, ist deine Motivation:
halte dir immer wieder deine tiefe Motivation vor Augen, die langfristig zu
erwartenden Früchte der Meditation. Triff eine Entscheidung, und nimm dir
die Zeit für dafür, dich um dein geistiges Wohlergehen zu kümmern.**

Die Qualität deiner zukünftigen Präsenz wird dir in gewissen Situationen helfen, zum Beispiel in Form von erhöhter Konzentrationsfähigkeit, mehr Klarheit
und schnelleren und angemesseneren Entscheidungen. Letztlich gewinnst du
sogar Zeit dadurch, da du es dir dann erlauben kannst, auf Grübeleien über
Vergangenes oder Zukünftiges zu verzichten.

Woher nehme ich die Motivation?

„Wenn wir unseren Platz eingenommen haben, machen wir die Erfahrung, unerschütterlich zu sein.“

Jack Kornfeld

Gehe vor oder während der ersten Sitzungen auf die Suche nach deiner ursprünglichen Motivation:

- Mache dir in dem einen Punkt nichts vor: Es gibt kein konkretes Ergebnis, kein Endziel. Berücksichtige das auf jeden Fall bei der Suche nach deiner Motivation.
- Stärke deine persönliche Überzeugung von der Nützlichkeit dieser Anstrengung. Befrage andere Meditierende oder lese passende Studien zur Meditation. Damit unterstützt du deine eigene Entschiedenheit und Beharrlichkeit.
- Stelle dir diese einfache Frage: Was beabsichtige ich wirklich mit dieser Praxis?
    - Innere Beweggründe wie geistige Gesundheit oder eine gute Beziehung zu anderen oder zur Welt?
    - Was möchtest du über dich selbst lernen? Möchtest du deinen Geist besser verstehen lernen?
    - Wird deine Meditation das Leben der Menschen um dich herum beeinflussen?
- Hänge deine Motivation nicht zu hoch, aber auch nicht zu tief, finde einen guten Mittelweg. Aus diesem Gleichgewicht oder auch Ungleichgewicht wird dir die Motivation für die Praxis eher zufließen.
- Übe, übe, übe! Über Meditation zu diskutieren oder ein Buch darüber zu lesen ist erst mal leichter und angenehmer, hat aber bedauerlicherweise null körperliche oder geistige Auswirkung.

Gehe mit möglichst wenig Erwartung und Vorbehalten an die Sache heran.

Die Zeit der Meditation kannst du vergleichen mit der, die du für die Körperpflege aufwendest, für deine Gesundheit, den Sport oder dein Wohlbefinden im Allgemeinen. Stelle diese Zeit einmal der Situation gegenüber, in der du „in Trance" funktionierst, und den Autopiloten ausgeschaltet hast.

Wie verhindere ich Störungen?

- Sage deiner Umgebung, dass du meditieren wirst.
- Geh möglichst in einen geschlossenen Raum oder an einen einsamen Ort. Wenn das nicht möglich ist, nimm eine unauffällige Haltung ein, um nicht aufzufallen.
- Setze einen guten Kopfhörer auf.
  Lade die Sitzung auf dein Smartphone und schalte in den Flugmodus, um ungestört zu sein (oder schalte WLAN oder 5G aus).
- Oder schalte den Nachrichtenempfang (Anrufe, SMS, Twitter, Facebook usw.) auf stumm, ohne Vibrationsalarm.

Teil 4: Mitarbeiterführung

a)   Manipulation vs. Beeinflussung

Es ist wichtig, den Unterschied zwischen Manipulation und Beeinflussung zu kennen und sich bewusst für die Methode zu entscheiden, die dem Gegenüber Freiraum zur eigenen Entscheidung schenkt. Nur so können wir ehrlich und authentisch kommunizieren – sei es im Alltag, in der Familie und auch im Beruf.

Ich habe mich in meinem gesamten Leben für die Beeinflussung meines Gegenübers zu seinem Wohle entschieden – im Kunden-Verkaufsgespräch, im Mitarbeitergespräch und auch allen anderen Alltagssituationen. Diesen hohen Anspruch stelle ich auch an mein Coaching und an die Inhalte in diesem Buch!

Beeinflussung: Ja   aber: Manipulation: Nein

Was ist der Unterschied zwischen Manipulation und Beeinflussung?

Der Unterschied zwischen Beeinflussung und Manipulation liegt darin, dass wir bei einer Manipulation nur unsere Interessen durchsetzen wollen, bei einer Beeinflussung aber eine Win-win-Situation für beide Seiten schaffen können.

Während Beeinflussung auf eine positive Art und Weise stattfindet, zielt Manipulation darauf ab, das Verhalten einer anderen Person zu kontrollieren oder zu beeinträchtigen.

Manipulation beinhaltet die absichtliche Verzerrung von Informationen oder das Ausnutzen der Schwächen einer Person, um ein bestimmtes Ziel zu erreichen. Die manipulierende Person handelt dabei bewusst im eigenen Interesse ohne Rücksicht auf die Bedürfnisse des anderen.

Bei bewusster Manipulation können wir davon ausgehen, dass die Person tatsächlich genau weiß, wie sie ihre Ziele erreichen kann, wie sie also andere Menschen benutzt, ohne sich für die Gefühle und Folgen für diese Person zu interessieren.

Ein simples Beispiel:

Ein Verkäufer kann versuchen, einen Kunden von einem Produkt zu überzeugen. Er kann ihm Informationen geben, Vorteile aufzeigen und dafür sorgen, dass der Kunde das Gefühl hat, eine gute Entscheidung zu treffen. Das ist Beeinflussung. Wenn jedoch dieser Verkäufer dem Kunden mit Absicht falsche Informationen gibt oder ihm ein schlechtes Gewissen macht, weil er nicht kauft, dann handelt es sich um Manipulation.

Die Begriffe Lügen, Betrügen, Verraten und Drohen entspringen dem Konzept der Manipulation und gehen Hand in Hand auf einer sehr einsamen Straße unendlicher Dunkelheit und Einsamkeit. Auf den ersten Blick mag sich die Erfüllung der eigenen Absicht für den Manipulierenden gut anfühlen. Unterm Strich macht es ihn jedoch noch einsamer und begünstigt, dass er bei jedem Mal noch tiefer in die Trickkiste greift, um an seine kurzfristigen und eigennützigen Ziele zu gelangen.

Trotz der Verwechslungsgefahr von Manipulation und Beeinflussung gibt es einen ganz deutlichen und klaren Unterschied zwischen beiden. Während Beeinflussung eine natürliche und alltägliche Form der Kommunikation darstellt, ist Manipulation eine bewusste und häufig unmoralische Methode, um von jemandem etwas zu bekommen, was dieser uns ohne diese Manipulation nicht geben würde. Es geht also um die Absicht.

Manipulierende schreien leise oder laut: Sieh her! Hier bin ich! Gib mir, gib mir, gib mir!

Beeinflussende sagen leise bis lautlos: Sieh her, ich helfe dir auf dem Weg und begleite dich, bis du selbst laufen kannst, wenn du es wünschst.

Manipulation ist immer ein schwieriges Thema. Denn wer weiß, dass wir absolut jedes Wort auf unsere innere Goldwaage legen und es immer nur darauf ankommt, wie fein sie gerade justiert ist, kann erahnen, dass wir uns auf immer dünner werdendem Eis Richtung Abgrund bewegen.

Der klarste Unterschied beider Konzepte liegt also in der Absicht des Verhaltens. Während es bei der Beeinflussung darum geht, Verständnis und Weitsicht zu schaffen, Argumente zu liefern und dem Gegenüber durch das Aufzeigen anderer Fakten, Denkansätze und Handlungsmöglichkeiten neue Wahlmöglichkeiten zu erschaffen, um die Weiterentwicklung einer Person zu fördern, zu stärken oder anzuregen, zielt Manipulation darauf ab, eine Person dazu zu bringen, etwas Bestimmtes zu tun oder zu denken, ohne dass diese Person wirklich versteht, warum sie es tut.

Manipulation ist das Ausnutzen von Schwächen oder Bedürfnissen, um jemanden zu veranlassen, etwas zu tun, was der Manipulierende selbst will. Beeinflussung dagegen basiert normalerweise auf Argumentation und Überzeugungskraft sowie der Ermutigung zu freien Willensentscheidungen der anderen Person.

Wie erkennt man Manipulation?

Manipulatoren erkennen: Fünf Zeichen für emotionale Manipulation

1. Sie sind gute Lügner. Manipulatoren erzählen Dinge, die nie passiert sind, oder leugnen Dinge, die passiert sind.
2. Sie verwenden deine Schwachpunkte gegen dich.
3. Sie spielen mit deinem Gewissen.
4. Sie spielen die Opferrolle.
5. Sie tun hilfsbereit – sind es aber nicht.

b)   <u>Wie führe ich meine Mitarbeiter?</u>

Du darfst also oder besser noch: Du musst sogar deine Mitarbeiter beeinflussen, um sie zu Bestleistungen und zu Loyalität gegenüber dir und der Firma zu bringen.

Genauso gut, wie die SDWA-4-Analyse dir helfen kann, kann sie auch deinen Mitarbeitern (nicht nur den Führungsmitarbeitern) zu besserer Selbsterkenntnis und zu einem besseren Mindset im Umgang miteinander oder mit Kunden und Lieferanten verhelfen.

Benutze aber bitte dein Wissen nie, um dein Gegenüber zu manipulieren!

Denke jetzt bitte darüber nach, wer von deinen Kollegen auch eine SDWA-4-Analyse machen sollte. SDWA 4 – ist ein kraftvoller Beschleuniger deiner persönlichen Entwicklung. Hierbei geht es um den nächsten Schritt zu deiner persönlichen Selbsterkenntnis. Das gilt auch für deine Mitarbeiter.   Deine Aufgabe als Leader ist es, deinen Mitarbeitern ein gutes Gefühl und Sicherheit zu vermitteln, sie positiv zu fördern und zu fordern.

Damit werden eure Erfolge eine eindeutige und klare Sprache sprechen!

Stell dir jetzt bitte einmal vor, du und deine Führungskräfte haben eine einheitliche Vorstellung von Führung! Die Kommunikation und das Verständnis untereinander wären reibungsloser. Das vereinfacht vieles!
Herrscht Klarheit in Bezug auf die Aufgaben, die Hilfsmittel und die Prinzipien wirkungsvoller Führung, wird vieles leichter.

Teil 5: Das System der einfachen Führung mit der 4-Schritte-Delfin-Strategie

5.1.   Indirekte Führung

- Unternehmenszweck erfüllen
- Zukunftsfähige Firmenkultur
- EOT – Ergebnisorientierte Aufgabenbeschreibung
- Positive Kontrolle
- Delegieren – Konsequenz
- Systeme schaffen

5.2.   Direkte Führung

- Menschen fördern
- richtig loben
- konstruktive Kritik
- Verantwortung übertragen
- Stärken fördern
- Vertrauen haben und geben

5.1. Indirekte Führung

1. Unternehmenszweck erfüllen

Stell dir jetzt bitte die Frage:
Welchen Zweck hat dein Unternehmen – welchen Unternehmenszweck erfüllt es?

Hier haben wir die Definition:

Der Zweck eines Unternehmens besteht darin, Profit und Mehrwert zu erwirtschaften. Er verbindet anders ausgedrückt die Sinnhaftigkeit des Unternehmens mit seiner Profitabilität. Seine Bestandteile sind:

Vision

Mission

Leitlinien

Positionierung

Der Unternehmenszweck ermöglicht die Identifikation für die Mitarbeiter und die Kunden und gibt dadurch eine klare Richtlinie für Entscheidungen.
Wir müssen hier die Frage nach dem „Warum?" stellen.

Hier kommen die Antworten auf meine Fragen:
 „Warum" habe ich die 4-S-D-Strategie erfunden?
 „Warum" schreibe ich dieses Buch?
 „Warum" möchte ich Menschen nachhaltig im Leadership berühren?

1. <u>Meine VISION:</u>

Ich befähige Menschen, die mental und im Leadership wachsen wollen, die besten Menschen/Leader zu werden, die sie sein können.

2. <u>Meine MISSION:</u>

Gemeinsam mit den Coaching-Partnern aus meinem Experten-Netzwerk erhöhen wir das Verantwortungsbewusstsein und die Kommunikationsfähigkeiten unserer Kunden, damit sich ihre Führungskompetenz signifikant verbessert, damit sie Leadership als ein lebenslanges Studium ansehen und ihr Unternehmen bestmöglich voranbringen.

3.   <u>Meine LEITSÄTZE:</u>

Ich erforsche und lehre das Mindset des Unternehmers und seiner Mitarbeiter mit einer einzigartigen Analyse – der SDWA-4-Analyse. Mit den META-Programmen können die Mitarbeiter und ihre Führer ihre Kommunikationsfähigkeiten zusätzlich verbessern.

Bei mir und meinen Experten erfahren die Kunden ein mentales Fitnesstraining. Damit können in allen Lebensbereichen die Gespräche viel schneller und leichter zu dem gewünschten Ergebnis gebracht werden.
Der Leader verbessert seine Leadership-Qualitäten.

Die Teams werden zu Erfolgsteams.

Die Unternehmen bleiben zukunftsfähig. Wir streben langfristige, ernsthafte Partnerschaften mit unseren Kunden und den Firmen an.
Die Zusammenarbeit basiert stets auf Augenhöhe.
Wir arbeiten gern mit Menschen zusammen, die das Bedürfnis und die Lust auf mentales Wachstum haben.

Unsere Kunden sind die „Unternehmer" und die „Leader des 21. Jahrhunderts" und nicht die „Unterlasser der heutigen Zeit".

Hier findest du meine Unternehmens- und Lebenspyramide:

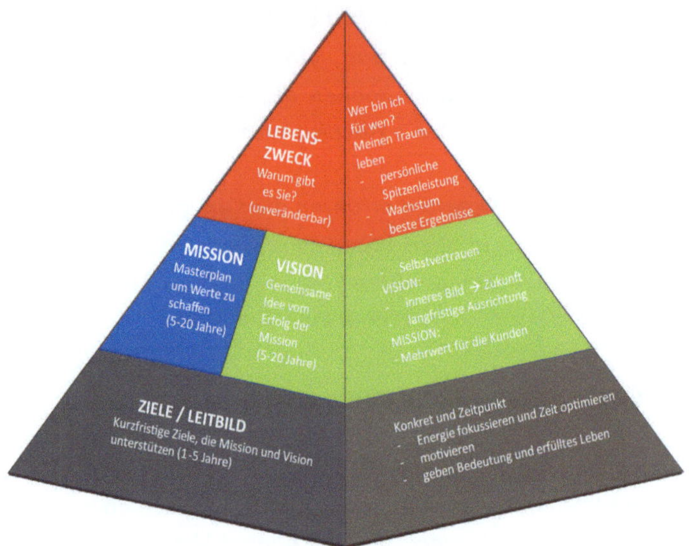

2. <u>Zukunftsfähige Firmenkultur</u>

Eine zukunftsfähige Firmenkultur wird durch den Leader vorgelebt und durch das gesamte Team getragen.
Alle Mitarbeiter leben die VISION und transportieren die MISSION des Unternehmens.

Status ist im Team nicht so wichtig. Der Leader führt authentisch und ehrlich. Das Team löst seine inneren Konflikte und schafft Harmonie im Tagesgeschäft. Der Leader muss sich weiterentwickeln. Er muss auch den Mitarbeiter links von sich fördern und fordern. Und er muss den Mitarbeiter rechts von sich zu Bestleistungen bringen.

Sein „Warum" ist das „Warum" der Firma.

128

Er kommuniziert seine VISION ehrlich und gibt seinen Mitarbeitern einen Sicherheitsrahmen.

Dann werden die Mitarbeiter ihr „Bestes" entwickeln und auch bereitwillig geben. Das Unternehmen muss von Zeit zu Zeit neu erfunden werden.   So bleibt es auch zukunftsfähig.

3.   EOT – Ergebnisorientierte Tätigkeitsbeschreibung

Die Orientierung an klar formulierten Zielen ist eng verbunden mit der Ergebnisorientierung aller Mitarbeiter und des Leaders.

In meiner Firma SKmed Medizinischer Fachhandel und Sanitätshaus hatten alle Mitarbeiter ein Grundgehalt und eine leistungsabhängige Provisionsregelung – und zwar vom Außendienstmitarbeiter bis zur Buchhalterin.

Stell dir jetzt bitte die Frage:

Wie arbeiten meine Mitarbeiter selbständig und übernehmen dabei immer mehr Verantwortung? Dabei sind sie gern bereit, die Fortschritte durch ihre erzielten Ergebnisse sichtbar zu machen.

Die Ergebnisorientierte Tätigkeitsbeschreibung (EOT) beginnt als Aufgabe und wird durch konsequente Umsetzung zum entscheidenden Werkzeug des Leaders. Die Mitarbeiter werden anhand von konkreten Zielen zu aufgabenorientiertem Denken und ergebnisorientiertem Handeln geführt. Damit verbessern sich die Ergebnisse im gesamten Team messbar und signifikant.

Mach jetzt bitte eine kurze Pause und überlege, wie hoch die Bereitschaft deiner Mitarbeiter zur Identifikation mit deinem Unternehmen ist. Wie kannst du als Leader dazu beitragen, diese Bereitschaft zu erhöhen?

Denke jetzt bitte noch über diesen Satz nach:

Solange Mitarbeiter nicht genau wissen, welche Ergebnisse sie und die Firma in Zukunft erreichen sollen, tun sie eben gerade das, was sie für notwendig und richtig halten!

Eine wirkungsvolle EOT gibt eine klare Orientierung im Alltag, sie ist Ansporn und eine Entscheidungshilfe für die Orientierung im beruflichen Alltag.
***An dieser Stelle bedeutet Führung oder Leadership**: Ergebnisse erzielen.*
Der gute Leader bringt sein Team zu Spitzenleistungen, denn im Team werden bessere Ergebnisse in einem bestimmten Zeitfenster erzielt, als das jeder Mitarbeiter allein erreichen könnte.

Es ist kein leichter Prozess, Ziele und Ergebnisse im Tagesablauf zu priorisieren. Wenn wir uns auf Ergebnisse konzentrieren, dann sind die **ergebnisproduzierenden Arbeiten immer dringend bzw. wichtig und mit oberster Priorität zu erledigen.**

Die EOT wird vom Leader mit jedem Mitarbeiter einzeln gemeinsam erarbeitet. Dabei handelt es sich um einen Entwicklungsprozess über zwei bis drei Jahre, bis eine gute EOT entstanden ist.

<u>Nutzen der EOT:</u>

Sie wird deine Mitarbeiter dabei unterstützen:
- den eigenen Verantwortungsbereich klar zu kennen
- die richtigen Prioritäten zu setzen
- die besten Entscheidungen für das gewünschte Ergebnis zu treffen
- ihre Ziele sicher mit Engagement zu erreichen

Sie wird dich dabei unterstützen:
- die Aufgaben und Verantwortlichkeiten klar zu definieren
- gewünschte Ergebnisse mit den Mitarbeitern verbindlich zu vereinbaren
- diese Ergebnisse besser zu kontrolliere
- deine Mitarbeiter immer mehr indirekt zu führen

Ein Beispiel einer EOT findest du in meinem **Workbook zur 4-S-Delfin-Strategie**. Du findest den Zugang auf meiner Homepage. Hier kannst du auch praktische Übungen zum Erstellen einer EOT durchführen.

Ich halte das Arbeiten mit Ergebnisorientierten Tätigkeitsbeschreibungen für das entscheidende Instrument, um deine indirekten Führungsqualitäten zu verbessern und damit dein Team zu Bestleistungen zu führen.

4.   Kontrolle mit System

Ein Leader schätzt Transparenz, Offenheit und (positive) Kontrolle. Deshalb hat er es sich zur Aufgabe gemacht, diese Prinzipien im Unternehmen zu leben. Je besser er positive Kontrolle als Hilfsmittel zur Erreichung der Betriebsergebnisse praktiziert, desto mehr akzeptieren und schätzen seine Mitarbeiter es, kontrolliert zu werden.

Denke jetzt bitte über den Satz nach: „Vertrauen ist gut, Kontrolle ist besser!" Wie gehst du selbst mit dem Vertrauen zu allen deinen Mitarbeitern – auch den neuen – um?
Vertraust du deinen Mitarbeitern im Home-Office?   Wenn ja – warum? Wenn nein – warum nicht?
Können deine Mitarbeiter dir wirklich vertrauen?
Fühlen sie sich bei dir sicher? Gibst du ihnen das Gefühl von Sicherheit? Meine Meinung dazu ist, dass deine Mitarbeiter dir vertrauen sollten und müssen. Dafür bist du verantwortlich!

Dein Vertrauen zu ihnen ist wichtig und gut, es sollte aber klug vergeben werden. Blindes Vertrauen ohne Kontrolle schadet den Beziehungen, dem Teamwork und der Firma.

Ein guter Leader entwickelt die Menschen in seinem Umfeld durch einen Kontrollprozess mit System. Dabei ist Kontrolle immer objektiv (Zahlen, Daten, Fakten) und subjektiv (Softskills). Zahlen müssen hierbei immer im Kontext interpretiert werden.

Eine angewandte und gelebte EOT ist ein hervorragendes Kontrollinstrument. Hier können auch Zwischenziele/Zwischenergebnisse gut kontrolliert werden.

Bei einer EOT, die du gemeinsam mit dem Mitarbeiter erarbeitet hast, kannst du von Anfang an mit seiner Akzeptanz rechnen. Das nenne ich: **akzeptierter Kontrollprozess**. Hierzu gehören auch die jährlichen Zielgespräche mit allen Mitarbeitern. Führst du schon Jahreszielgespräche mit Jahreszielvereinbarungen durch?

Meine Jahreszielgespräche waren immer ein wichtiges Führungsinstrument.

5. <u>Delegieren mit Konsequenz</u>

Leadership bedeutet heute, den Mitarbeiter links von mir zu fördern und zu fordern, und das Gleiche muss ich auch mit dem Mitarbeiter rechts von mir machen. Indem ich meine Mitarbeiter fördere und entwickle, wird die Wertschöpfung im Unternehmen erhöht. Dadurch macht sich der Leader für anspruchsvollere Aufgaben und Herausforderungen frei, die wir auch das Arbeiten „am Unternehmen" nennen.

Durch Delegieren werden alle Mitarbeiter gefordert und gefördert. Der Leader vergibt und delegiert die Aufgaben und begleitet den Erledigungsprozess je nach Entwicklungsstufe des Mitarbeiters.

Der Leader muss sich immer fragen: Was kann und soll ein Mitarbeiter besser erledigen als ich? Was habe ich heute zum letzten Mal selbst gemacht?

Wie sieht aktuell dein Arbeitsalltag aus? Hast du in deinem Zeitplan immer 50 Prozent für Führungsaufgaben freigehalten? Oder erledigst du viele zeitraubende Aufgaben immer noch selbst, damit sie zum gewünschten Ergebnis führen?

Ein guter Leader entwickelt sein Team vom Denken in Aktivitäten zum Denken in Zielen und Ergebnissen.

132

6. <u>Systeme schaffen</u>

Die entscheidende Frage eines Leaders muss lauten:
Wie mache ich mich unentbehrlich, während die Ergebnisse des Teams immer besser werden? Das geht mit den sechs Aufgaben der indirekten Führung. Der wichtigste Punkt ist hierbei das Schaffen von Systemen.

Stell dir jetzt bitte die Frage: Sind meine Mitarbeiter eher von mir abhängig, oder arbeiten sie selbständig, unabhängig von meinem Wirken?

Wenn die Mitarbeiter spüren, dass das Unternehmen in einem bestimmten Maße abhängig von dir ist, erhöht das ihr Vertrauen in ihre eigene Position und die Sicherheit im Unternehmen.

Zu Beginn dieses Abschnittes erzähle ich dir die folgende Geschichte aus meinem eigenen Unternehmen:

Anders arbeitet seit neun Jahren in der Geschäftsleitung der Firma. Sein Vorgesetzter/Chef wird bald in Rente gehen und schaut nun nach einem geeigneten Nachfolger. Anders kennt bereits alle Arbeitsprozesse und ist seit Beginn seiner Lehre im Unternehmen. Er hat zur Vorbereitung auf die Nachfolge auch ein BWL-Studium absolviert. Anschließend ist er als Nachfolger seines Chefs im Gespräch. Doch diese Position traut sich Anders nicht zu. Er nimmt lieber Anweisungen von oben an, als diese an andere Mitarbeiter weiterzugeben. Mit klaren Strukturen und Anweisungen fühlt er sich am wohlsten und hätte mit einem selbststrukturierten Tag Probleme. Präsentationen gibt er gerne an seine Kollegin ab, da er sich vor der Gruppe als Redner nicht wohlfühlt. Kritischen Gesprächen mit den Mitarbeitern geht er nur zu gerne aus dem Weg.

Jetzt meine folgenden Fragen an dich:
Ist Anders eher ein abhängiger oder unabhängiger Mitarbeiter?
Hilft ihm ein klares System, mit allen Tagesaufgaben gut klarzukommen?
Ist er der geeignete Mitarbeiter, der seinen Chef später gut ersetzen kann?
Was für Eigenschaften sollten bei ihm entwickelt werden?
Denke bitte an die vier Farben und die entsprechenden META-Programme!

Welche Aufgaben sollte sein Vorgesetzter bei der Förderung von Anders priorisieren?

Würdest du Anders als Nachfolger einsetzen?

Beantworte jetzt bitte die Fragen in Ruhe, bevor du weiterliest!

Der Leader muss hier klar ein System schaffen, das die Entwicklung der Mitarbeiter ermöglicht. Immer wenn er über wiederkehrende Aufgaben nachdenken muss, sollte er über die Einführung eines Systems nachdenken.

Ein System erlaubt es einem wenig talentierten Mitarbeiter, seine beste Leistung zu bringen, indem er sich auf das System und seine Abläufe konzentriert. Die Leistung eines talentierten Mitarbeiters wird durch die Konzentration auf das System enorm gesteigert.

Der Leader sollte sich immer fragen: Mache ich es lieber noch alles selbst oder erledige ich die Tätigkeit einfach nachvollziehbar und duplizierbar?

Dadurch braucht er weniger direkt zu führen, die Fehlerquote wird gesenkt und Arbeitszeit wird gespart.

<u>**Ein System entsteht wie folgt:**</u>

Wiederkehrende Arbeiten und Arbeitsabläufe auflisten

System erstellen

Duplizierbarkeit ermöglichen

der Erfolg steigt

Manchmal ergibt sich auch, dass man an einem Bereich/Ablauf im Unternehmen nicht festhalten sollte, wenn sich die Idee nicht vereinfachen und dadurch systematisieren lässt. Von diesem Bereich kann man sich auch trennen! Bei Systemen geht es darum, Ergebnisse zu erzielen. Die Systeme sind der Weg dorthin. Sie sind von Personen unabhängig. Ein neuer Mitarbeiter kann sehr schnell in ein gut funktionierendes System eingearbeitet werden.

Beispiele für notwendige Systeme sind:
- Buchhaltung
- Rechnungslegung
- Mahnwesen
- Akquise Gespräche
- Vertrauensgespräche
- Verkaufsgespräche
- Auftragsannahme und Auftragsbearbeitung

Der erste Verkauf ist eine Vertriebsleistung, der Folge-Verkauf ist eine Systemleistung. Systeme sind die Voraussetzung für gute Ergebnisse, die immer wieder erbracht werden.

Damit ist die Unternehmensleistung beständig und planbar.
Diese planbare Beständigkeit ist dann auch die Voraussetzung für das Vertrauen.

Nur gut gelebte Systeme erlauben es uns, stetig eine bestimmte Leistung und Ergebnisse zu bringen.

Bei gut funktionierenden Systemen muss der Leader weniger direkt führen. Sie verringern die Fehlerquote, weil Abläufe immer weiter verbessert und perfektioniert werden.

Je besser deine Firma ohne dich zurechtkommt, desto wertvoller bist du.
Erstelle jetzt bitte eine Ist-Analyse:
Welche Systeme funktionieren bei dir schon?

Lege fest, welche Systeme du installieren oder überarbeiten musst!

Bestimme, welche Stärken Mitarbeiter in diesen Systemen brauchen, zum Beispiel sollte der Buchhalter hohe Blau-Anteile haben und Prozeduren lieben. Ein guter Verkäufer braucht unbedingt Gelb- und auch Rot-Anteile, um nach dem Abschluss/der Unterschrift zu fragen!

Suche Mitarbeiter mit den Stärken, die für das jeweilige System notwendig sind.

Erstelle präzise EOTs und eine SOP (Standard Operating Procedure) für das System. Ohne ein System kannst du zum Beispiel deine Mitarbeiter nicht beständig fördern. Auch hier schafft Beständigkeit Vertrauen.

Ein Leader muss auch seine Mitarbeiter fordern, wenn er sie fördern will. Wenn er sie nicht fordert, dann werden sie oft unterfordert sein und nicht ihre Bestleistung bringen. Wenn du also deine Mitarbeiter unterforderst, dann beleidigst du sie und sie sind nicht glücklich. Ihr Selbstbewusstsein wird nicht gestärkt, sondern untergraben.

Leader müssen das Engagement und die Kompetenz ihrer Mitarbeiter ständig messen und so die Aufgaben verteilen.

Damit vermeiden sie Überforderung und Unterforderung.

5.2 <u>Direkte Führung</u>

Indirekte und direkte Führung ergänzen sich gegenseitig. Je besser die Maßnahmen der indirekten Führung eingeführt sind, desto weniger musst du als Leader direkt führen. Wenn du hier die entscheidenden Hilfsmittel und Prinzipien verinnerlichst und nutzt, dann fällt dir auch die direkte Führung deiner Mitarbeiter immer leichter und dein Zeitaufwand für Führung reduziert sich stetig.

1. <u>Menschen fördern</u>

Ein Leader behandelt seine Mitarbeiter nicht so, wie sie es gerne möchten und als angenehm empfinden. Er behandelt sie mit Respekt, überträgt ihnen immer mehr Verantwortung und macht das durch die Ergebnisse transparent und sichtbar.

Hier stelle ich dir ein Schema für die vier Entwicklungsetappen deiner Mitarbeiter vor:

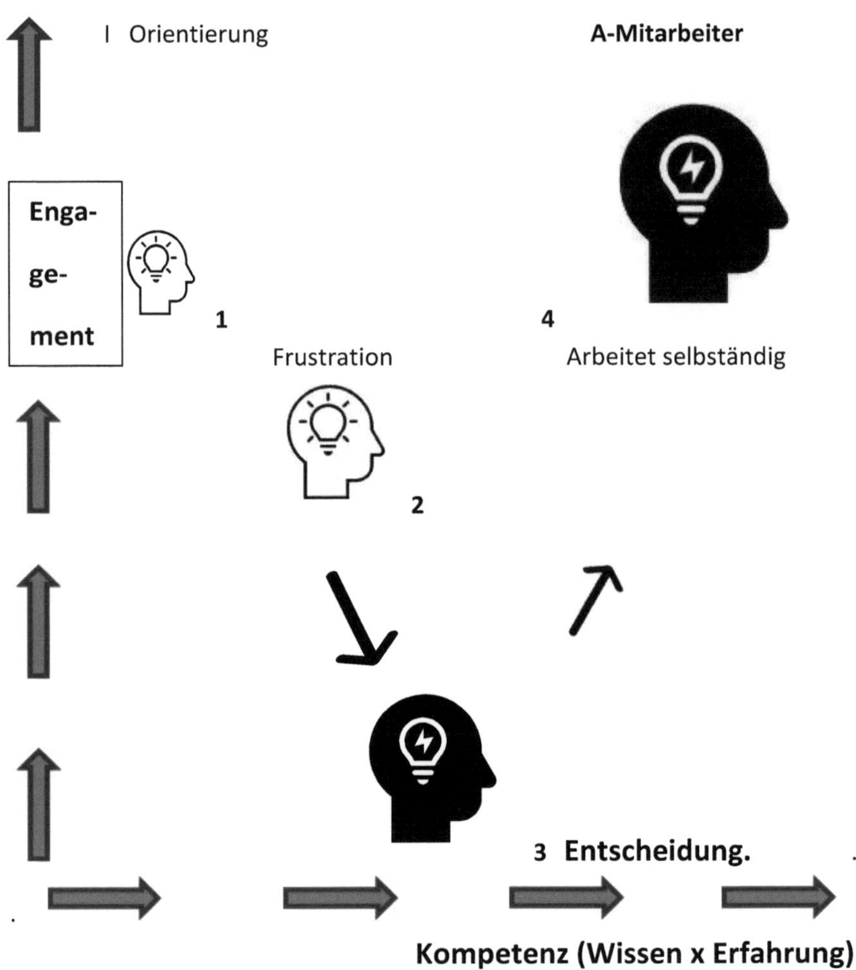

Überlege jetzt bitte, ob du selbst auch diese vier Stufen durchlebt hast. Welcher deiner Mitarbeiter ist in welcher Stufe?

<u>**Tabelle: Die vier Stufen der Mitarbeiterentwicklung**</u>

In Stufe	Hat der Mitarbeiter	Muss der Leader
Stufe I	- niedrige Kompetenz - hohes Engagement „Neue Besen …"	- **viel dirigieren** - wenig helfen - detaillierte Anweisungen geben
Stufe II	- etwas mehr Kompetenz - weniger Engagement „der erste Elan ist verpufft …"	Trainieren - viel dirigieren - viel helfen
Stufe III	- hohe Kompetenz - schwankendes Engagement „die entscheidende Phase zum A-Mitarbeiter"	Fordern - **wenig dirigieren** - viel helfen Zu Ergebnissen verpflichten
Stufe IV	- hohe Kompetenz - hohes Engagement Selbstführung des Mitarbeiters auf hohem Niveau	- **delegieren** - Verantwortung übergeben - Aufgaben komplett allein lösen lassen

Wie kannst du das Engagement deiner Mitarbeiter erhöhen?

Die Mitarbeiter müssen sich über ihre und deine Ziele und Visionen im Klaren sein. Das musst du immer wieder kommunizieren. Dafür musst du die Hilfsmittel gezielt nutzen und einsetzen.

Folgende Möglichkeiten hast du zusätzlich:
- Beobachte die Mitarbeiter genau
- Bau einen positiven persönlichen „Draht" auf
- Sprich Anerkennung öffentlich aus
- Weihe sie in deine Pläne ein
- Setze mit Lob und Kritik gezieltes Feedback ein
- Gib ihnen in Besprechungen ein Gefühl von Bedeutung, höre dir ihre Meinung an und sprich als Letzter
- Nimm ihre Ideen ernst
- Steh zu deinen Versprechen
- Stärke die Identifikationen mit der Firma (z. B. durch Visitenkarten, Firmen-Pkw usw.)

Wie kannst du die Kompetenz deiner Mitarbeiter erhöhen?

Setze sie entsprechend ihren Persönlichkeitseigenschaften und Stärken ein. Dabei ist nicht entscheidend, was ihnen Spaß macht, sondern was sie an Fachwissen einbringen.

Falls ein Mitarbeiter im falschen Tätigkeitsbereich eingesetzt ist, du aber nicht auf ihn verzichten willst, kannst du ihm auch gern eine andere Tätigkeit geben, bei der seine Stärken besser zum Zuge kommen.

Das nennt man: **umdelegieren**

Folgende Möglichkeiten hast du zusätzlich:
- Fördern durch Fordern, die Leistung steigern
- betriebliche Weiterbildung und Lehrgänge nutzen
- ein neuer Mitarbeiter bekommt einen Mentor
- Arbeiten mit Budgetplänen
- Buchtipps geben und den Erfolg kontrollieren

2. Richtig loben

Ein Leader kennt seine Mitarbeiter genau. Er schenkt ihnen Respekt und Beachtung. Er bringt ihnen echtes Interesse entgegen und beobachtet sie auch. So kann er die gewünschten Ergebnisse durch ein Lob emotional verstärken.

Frage dich jetzt: Wie und wie oft lobst du eigentlich deine Mitarbeiter? Lobst du häufig, selten oder gar nicht?
Das Ergebnis eines richtigen Lobes ist Bestätigung der Leistung des Mitarbeiters, sein Selbstbewusstsein wächst. Er ist jetzt bereit für größere Aufgaben.

Loben ist ein wichtiges Hilfsmittel für den Führer, denn ein besseres Feedback gibt es nicht. Was denkst du, ist es besser häufig oder eher selten zu loben?

Ich meine dazu:
Das hängt von deiner Persönlichkeit als Führungskraft ab und von deinem Führungsstil. Deshalb ist beides in Ordnung, es sollte zu dir passen. Dabei solltest du auch authentisch wirken.

Wichtig ist, dass das Lob ehrlich und unmissverständlich ist und vom Mitarbeiter auch so verstanden wird. Entscheidend ist, ob du das Hilfsmittel Lob meisterhaft einsetzt und ob der andere auf unser Lob Wert legt.

Wenn du also der beste Leader werden willst, der du sein kannst, dann lerne meisterhaft zu loben.
Je anerkannter du als Leader bist, desto wirkungsvoller ist das Lob.

Beachte bitte:
Wenn ein Lob nicht präzise ist, dann erscheint es oft als pure Schmeichelei und als unaufrichtig. Es setzt also voraus, dass du den Mitarbeiter professionell und genau beobachtet hast. Ertappe deine Mitarbeiter dabei, wenn sie etwas ganz besonders Gutes tun!

Mit einem einzigen Lob kannst du die Einstellung des Gelobten für immer verändern. In der praktischen Anwendung gibt es genau vier Schritte für ein Lob:

1. Sage, was dir gefallen hat.
2. Erkläre genau, wo und wann es dir aufgefallen ist.
3. Teile mit, warum es dir so gut gefällt.
4. Ermutige den Mitarbeiter, so weiterzumachen.

Auf ein richtiges Lob antworte mit „Danke". Bei einem nicht meisterhaften Lob
frage ruhig nach: „Was genau hat dir gut gefallen?"

3. <u>Konstruktive Kritik</u>

**Kritik ist vielen oftmals unangenehm, muss aber sein. Denn der Blick von au-
ßen eröffnet neuen Perspektiven. Mit seinen eigenen Schwächen geht man
ja oft eher großzügig um. Wichtig ist aber der Unterschied zwischen abwer-
tender/negativer und konstruktiver Kritik. Als Leader musst du dir dabei bewusst machen:**
**Ein Kritikgespräch ist kein Gespräch zur Demonstration deiner Macht oder
zum Abladen von Frust. Es dient nur einem Zweck: dem Mitarbeiter die (oft
selbst verschuldeten) Gründe für ein unzureichendes Ergebnis bewusst zu
machen.**
Ein guter Leader kritisiert, ohne anzuklagen.

Die Grundvoraussetzung beim Kritikgespräch ist, dass du möchtest, dass der
Mitarbeiter wächst.

Folgende Voraussetzung für Kritik gibt es:
Frage dich:

- Was ist passiert?
- Woher weiß ich davon?
- Was mag ich an dieser Person?
- Was will ich mit diesem Gespräch erreichen?
- Ist jetzt der richtige Zeitpunkt?

Schau dir die EOT und die Zielvereinbarung vor dem Gespräch an. Beim Kritisieren macht auch wie bei allen anderen Gesprächen „der Ton die Musik".
Manche Vorwürfe kannst du auch umformulieren, zum Beispiel wenn der Mitarbeiter heute wieder zu spät gekommen ist: „Darf ich dich fragen, warum du heute entschieden hast, uns alle mal wieder warten zu lassen?"
Und jetzt sei auf die Antwort gespannt!

Beachte bitte folgende Dinge:
- Prüfe bei Kompetenz-Fehlern immer zuerst, ob du nicht umleiten und ihm eine andere Aufgabe zuweisen kannst.
- Wenn du falsch kritisierst, kannst du den Mitarbeiter in seinem Einsatz/seiner Leistungsbereitschaft oder ganz verlieren.
- Kritik ist nicht geeignet, um Kompetenz zu steigern, sie hilft aber, das Engagement zu verbessern.
- Stelle niemals die Person selbst infrage. Trenne zwischen persönlicher Ebene = Mensch und Sachebene = Handlung.
- Kritisiere immer zeitnah
- Erlaube keine Entschuldigung. Betrachte die Zukunft.
- Diskutiere niemals über deine Kritik.
- Wenn das Kritikgespräch vorbei ist, ist es vorbei!

Das Ergebnis von konstruktiver Kritik ist die Übernahme des eigenen Anteils der Verantwortung an dem zu schwachen Ergebnis.
Zum Beispiel: „Das hätte ich dir präziser erklären müssen …".

Auch ist es wichtig, den Unterschied zwischen Sender und Empfänger immer bewusst machen. Der Sender-hier der Leader muss seine Worte auf die Frequenz des Empfängers-hier der Mitarbeiter- einstellen.
Eine reife Persönlichkeit erkennen wir daran, dass sie selbst(bewusst) entscheidet, welches Feedback sie annimmt und welches nicht.

In der Praxis sollte das Kritik-Gespräch wie folgt ablaufen:

1. Vorbereitung

    - Bin ich mir wirklich sicher?

Ich frage mich: Mag ich diese Person?

    Was genau mag ich?

    Was ärgert mich genau?

2. Kritik-Gespräch

2.1. Baue zuerst Vertrauen auf – was verbindet euch?

2.2. Benenne konkret, was du nicht magst.

2.3. Teile deine Gefühle mit, hier ist kein Platz für Rechtfertigung.

2.4. Stille (die Chance zu reflektieren und die Kritik anzunehmen)

2.5. Frage: Was wirst du (konkret) in Zukunft tun?

2.6. Sprich ihm weiterhin dein Vertrauen aus.

2.7. Verabschiede dich freundlich.

Beachte bitte: In den Phasen I und II ist Kritik an der Leistung wenig sinnvoll. Wenn du hier umleitest, schaffst du neue Möglichkeiten zu loben. Bei mangelndem Engagement ist aber eine Umleitung wenig sinnvoll.

Das Umleitungsgespräch läuft so ab:

- Drücke Anerkennung aus.
- Beschreibe das unbefriedigende Ergebnis mit nüchternen Fakten.
- Erkläre die nüchternen Folgen.
- Jetzt gibt es 2 Möglichkeiten:

  1. Erkläre die Aufgabe besser.

  2. Stelle eine neue Aufgabe.
- Lasse den Mitarbeiter spiegeln = wiederholen.
- Mache eine schriftliche Aktennotiz.
- Sprich ihm dein Vertrauen für die Zukunft aus.

4. <u>Verantwortung übertragen</u>

Verantwortung übertragen bedeutet, Entscheidungen zu treffen. Du musst bereit sein, die Konsequenzen daraus, egal ob positiv oder negativ, zu tragen. Diese Entscheidungen betreffen sowohl deine Handlungen als auch deine Gedanken. Deine Verantwortung als Führungskraft beinhaltet die Pflicht, für die Folgen deines eigenen Handelns einzustehen. Dein Chef, wenn du angestellt bist oder du selbst, wenn du selbstständig oder der Leader bist, erteilt/erteilst dir die Befugnis, dein Handeln selbst zu bestimmen und mit den Konsequenzen leben zu können.

Wie kannst du Verantwortung übertragen?

Du musst dafür sorgen, dass dein Team und jeder Mitarbeiter nach und nach mehr Verantwortung übernehmen. Dafür schaffst du die Rahmenbedingungen.

Die folgenden Tipps sollen dir dabei helfen, dass du damit gut leben kannst.
1. Fehler sind kein Weltuntergang, sie dürfen gemacht werden.
2. Was passiert im Worst-Case-Fall? (Worst Case= schlimmster Fall)
3. Überlege, welchem Mitarbeiter du welche Verantwortung und Entscheidungsbefugnis zuteilst. Kommuniziere es klar und mach es schriftlich.
4. Setze dir ehrgeizige Ziele.
5. Bilde dich und deine Mitarbeiter „fachlich" und „persönlich" weiter.
6. Verlasse deine Komfortzone und stehe zu deinen Entscheidungen.
7. Sei geduldig mit dir selbst und deinen Mitarbeitern.

Ein guter Leader geht voran und weist seinen Mitarbeitern den Weg.

Wenn du mit diesen hier dargestellten Strategien arbeitest, fühlen sich deine Mitarbeiter motiviert und sind bereit, Verantwortung zu übernehmen.
Du musst ihr Verantwortungsgefühl einfordern. Wenn du Tätigkeiten des Teams beaufsichtigst und die Mitarbeiter fragst, wann die Arbeit oder das Projekt abgeschlossen sein wird, wie die Arbeiten umgesetzt werden und Teilziele

erreicht wurden, förderst du langfristig die Arbeitsmotivation und die Eigenverantwortlichkeit des Teams.

Die Voraussetzung hierfür ist beiderseitiges Vertrauen. Das stärkst du durch regelmäßiges und großzügiges Feedback. Damit motivierst du das Team zu besserer Leistung. Wenn sie dich als guten Leader respektieren, wollen sie dich nicht enttäuschen und übernehmen gern Verantwortung.

5. <u>Stärken fördern</u>

Ich glaube, auch du hast schon mal davon gehört, dass du deine Stärken erkennen und fördern bzw. ausbauen solltest. Für deine Schwächen – ich sage lieber Nichtstärken – in deinem Mindset suche nach einer Lösung (Delegieren) oder arbeite in einem bestimmten Kontext auch daran.
In einem erfolgreichen Team ist es aber immer besser, sich zunächst auf das zu konzentrieren, was die Stärken sind und daraus mehr zu machen.

Unkontrollierter Perfektionismus lenkt das Firmen-Bewusstsein zu sehr auf Schwächen und Fehler. Damit können keine Spitzenleistungen, sondern nur durchschnittliche Leistungen entstehen.
Wenn du konsequent die Talente und Stärken der Mitarbeiter stärkst und ausbaust, dann werdet ihr zu einem Spitzenteam.

Ein Beispiel von mir aus meinem Leben:
Mein Vater konnte sehr gut singen. Er sollte sogar mit über 40 Jahren als Sänger im Deutschen Nationaltheater in Weimar engagiert werden.
Leider habe ich dieses Talent nicht von ihm geerbt. Ich wollte sogar damals zum Aufnahmegespräch auf der Erweiterten Oberschule (Gymnasium) nicht mitfahren, da wir dort vorsingen mussten. Die guten Sänger wurden in den Chor aufgenommen. Mein Vater hat dann mit mir singen geübt. Einmal sagte er verzweifelt zu mir: „Junge, du haust mit deinem falschen Gesang den stärksten Ochsen um!“ Er war leicht frustriert und übte aber weiter mit mir. Schlussendlich fuhr ich mit zum Aufnahmegespräch und sang ohne Furcht mein

eingeübtes Lied. Was glaubst du, bin ich im Chor aufgenommen worden? Natürlich nicht.

Ich habe dieses fehlende Talent akzeptiert und auch nie versucht, mein „Gesangstalent" auszubauen.
Natürlich spielen wir alle im Leben verschiedene Rollen, wir sind sozial geprägt durch unsere Familie, unsere Firma und die Gesellschaft.
Überlege jetzt bitte mal anhand des folgenden Schemas: Wie sind deine Prägungen?

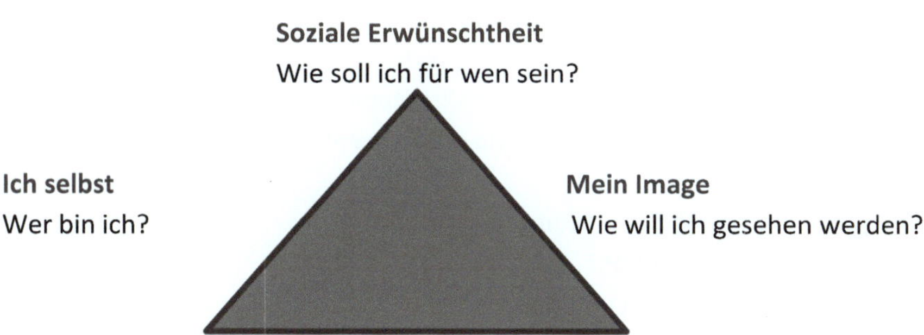

Ich bin davon überzeugt, wenn wir manchmal weniger eine Rolle spielen, die andere gern bei uns/in uns sehen möchten, kommen wir zu der Erkenntnis: Wer bin ich selbst? Wie möchte ich sein? Welchen Beitrag möchte ich leisten?
Das ist der Weg der Selbsterkenntnis, der Weg zu: Wer bin ich? Bin ich authentisch? Der Weg weg von der sozialen Erwünschtheit.

Die Erkenntnis deiner eigenen Stärken und Schwächen schärft das Bewusstsein für die Stärken und Nichtstärken bei anderen.
Stärken sind nicht das, was wir gerne tun, sondern das, was wir konstant auf einem hohen Niveau abliefern können.

Diese Checkliste soll dir dabei helfen, die Stärken deiner Mitarbeiter herauszufinden:

1. Frage den Mitarbeiter, was er kann und nicht was er mag.
2. Frage andere Mitarbeiter.
3. Beobachte den Mitarbeiter.
4. Kontrolliere ihn z. B. anhand von Berichten.
5. Schau in seine Leistungsbeurteilung.
6. Lies seine Berichte genau.

Der Umgang mit Schwächen muss auch kommuniziert werden. Dadurch schaffst du Sensibilität für dieses Thema.

Unterscheide zwischen akzeptablen und nicht akzeptablen Schwächen.

Erläutere, warum er sich von den nicht akzeptablen Schwächen trennen muss.

Nicht akzeptable Schwächen kannst du oft in akzeptable umwandeln, zum Beispiel bei:

- mangelndem Wissen – lernen
- fehlende Praxis – üben
- das Bild vom Großen und Ganzen fehlt – Vision erklären
- schlechte Gewohnheiten – sind schwer veränderbar
-

6. Vertrauen

Über Vertrauen haben wir schon in den letzten Kapiteln gesprochen. Vertrauen ist die Grundlage einer erfolgreichen Zusammenarbeit mit dem Ziel, ein schlagkräftiges Team zu formen.

Das Team muss dem Leader vertrauen, dass der Gehaltsscheck am Ende des Monats gedeckt ist und dass seine Vision sich erfüllen wird.

Der Leader muss seinen Mitarbeitern vertrauen, dass sie loyal an der gemeinsamen Mission des Unternehmenszwecks mitarbeiten und stets ihr Bestes geben. Dafür schafft er die Rahmenbedingungen. Er sorgt für eine professionelle Arbeitsumgebung. Er sorgt für Professionalität in den Beziehungen. Er sorgt für eine Kommunikation auf hohem Niveau und für einen bewussten Umgang mit Vertrauen.

Gesundes Misstrauen wird zunehmend eliminiert, es bleibt aber Teil der Firmenkultur.

Alle entscheidenden Informationen kommen schnell an der richtigen Stelle an. Die Grundlage von Vertrauen sind die gelebten Charaktereigenschaften und Werte des Leaders sowie der Mitarbeiter. Daraus entsteht Authentizität und Glaubwürdigkeit. Alle haben mehr Vertrauen in ihre Fähigkeiten durch die persönlichen und fachlichen Weiterentwicklungen.

In einem solchen Team weiß jeder, was er zu tun hat, und alle können sich aufeinander verlassen.
Hat jemand schon einmal dein Vertrauen enttäuscht?
Hast du ihm inzwischen vergeben?
Oder kannst du ihm nicht vergeben? Warum kannst du das nicht?
Manchmal kann man einfach nicht vergeben, wenn die Enttäuschung zu groß war. Bei einem Mitarbeiter sollte man aber vergeben können, denn hier kannst du relativ einfach die Sach- und Beziehungsebene trennen.
Wenn dir das aber nicht gelingt, dann sollten sich eure Wege trennen.
Wenn du vergibst, musst du lernen, wieder vertrauen zu können.

Wenn du ein guter Leader bist, dann respektieren dich deine Mitarbeiter für deine Stärken. Und sie lieben dich für deine Schwächen, für dein authentisches Auftreten und für deine Menschlichkeit.

Wir haben bis jetzt die drei wesentlichen Schwerpunkte meiner 4-Schritte-Delfin-Strategie behandelt.

Im Mittelpunkt stehen die drei Themenkomplexe:

1. Selbstführung, dein Mindset, SDWA-4-Analyse
2. Mitarbeiterführung
3. Unternehmensorganisation

dieser einfachen Führungsstrategie, die auch dein Leadership bestimmen sollte. Den größten Schwerpunkt habe ich bewusst auf die SDWA-Analyse gelegt, da die Selbsterkenntnis, wie du wirklich tickst, dich in die Lage versetzt, zukünftig viel erfolgreicher zu kommunizieren und deine Mitarbeiter mit dem bestmöglichen Leadership zu führen. Die Anwendung der META-Techniken wird dir dabei helfen, alle Gespräche mit deinen Mitarbeitern und Kunden noch schneller zum gewünschten Ziel zu bringen.

Wenn dich die einzelnen Inhalte berührt haben, dann kannst du dein Wissen gern mit dem „Workbook zur 4-S-D-Strategie", das noch im Herbst 2024 erscheinen wird, vertiefen. Ich biete dir hier viele praktische Übungen und Hilfsmittel für deine tägliche Leadership-Praxis an.

Ich würde mich auch freuen, wenn wir uns auf einem meiner Seminare online oder offline kennenlernen würden.

Schau bitte mal nach unter: www.joachimknabe.de

6. Die professionelle Suche nach einem geeigneten Nachfolger, der Notfallplan und die Exit-Strategie

Die Inhalte dieses letzten Punktes meiner 4-S-D-Strategie vermittle ich meinen Kunden nur bei Bedarf.

Wenn du in den letzten zehn bis fünf Jahren vor deinem gewünschten Übergang in den wohlverdienten Ruhestand bist, dann sind die Themen dieses letzten Teils meiner Strategie sehr wichtig für dich! Wenn du gerade mit deiner selbstständigen Tätigkeit begonnen hast, dann solltest du auch konkret über eine Exit-Strategie und einen Notfallplan nachdenken!

In diesem Buch würden sie den Rahmen sprengen. Deshalb werde ich dieses Thema umfassend in meinem nächsten Buch behandeln.

Ich habe selbst vor einem halben Jahr erfolgreich meine Haupt-Firma SKmed verkauft und den Übergang geschafft. Deshalb kann ich dir hierzu einige Erfahrungen (positive und negative) vermitteln – sei gespannt.

Ich kann dir aus eigener Erfahrung und aus der Erfahrung vieler meiner Kunden versichern, dass viele Unternehmer die Themen Notfallplan, Exit-Strategie und Nachfolge viel zu oft auf die sogenannte lange Bank schieben.

Warum ein Notfall-Handbuch?
Viele Unternehmer wissen längst, wie wichtig es sein kann, Vorkehrungen für den eigenen Ausfall zu treffen. Dennoch ist die Bereitschaft, sich mit diesem Thema intensiv auseinanderzusetzen, oftmals nur gering.

Der Grund hierfür liegt auf der Hand:
Ausgangspunkt aller Überlegungen sind unangenehme Gedankenspiele, die die eigene Person betreffen. Was würde passieren, wenn ich als Chef plötzlich durch Krankheit oder Unfall für längere Zeit ausfalle? Was würde jetzt geschehen, wenn ich als Firmenlenker vor zwei Wochen gestorben wäre? Könnte das

Unternehmen ohne mich fortbestehen und die Arbeitsplätze erhalten bleiben? Wäre meine Familie wirtschaftlich ausreichend abgesichert?

Viel zu oft werden diese Gedanken verdrängt. Wer rechnet schon gern mit dem Schlimmsten? Viele Unternehmen haben genau deshalb keine ausreichende Notfallvorsorge.

Doch Unglücke passieren – naturgemäß – unvorbereitet und aus heiterem Himmel. Unfälle oder Krankheiten lassen sich in aller Regel nicht vorhersagen. Wer kann und soll sich bei einem solchen Schicksalsschlag um das Unternehmen kümmern? Wer nimmt vorübergehend oder dauerhaft die wichtigsten Aufgaben wahr?

Es besteht die Gefahr, dass ohne entsprechende Vorbereitungen alle Räder stillstehen.

Dabei kann das Unternehmen mit der richtigen Strategie und einigen praktischen Schritten wirksam abgesichert werden. Um den Betrieb also vor unnötigem Schaden zu bewahren, sollte es einen **Notfallplan** geben.

Das Notfall-Handbuch soll Anregung, Orientierung und Werkzeug zugleich sein, die wichtigsten Regelungen konkret umzusetzen.

Vorbereitung – erste Schritte zum Notfall-Handbuch

Wer nicht frühzeitig zu Lebzeiten vorsorgt, gefährdet im Notfall den Fortbestand des Unternehmens. Um eine ausreichende Vorsorge zu treffen, sollte Klarheit über grundsätzliche Überlegungen bestehen:

Wie soll die Zukunft des Unternehmens aussehen?

Welche Interessen verfolge ich als Unternehmer?

Welche familiären und unternehmerischen Ziele sollen erreicht werden?

Daran anknüpfend stellt sich die Frage, ob sich diese Vorstellungen in vertraglichen Regelungen wie zum Beispiel Ehevertrag, Erbvertrag, Testament oder Gesellschaftsvertrag eindeutig widerspiegeln.

Oder gibt es Anpassungsbedarf? Und welche Regelungen würden im Notfall eintreten, wenn die für die individuelle Lebenssituation des Unternehmers relevanten Verträge noch nicht existieren?   Zur

Prüfung, Beratung und Ausgestaltung empfiehlt es sich dringend, den Rat eines Anwalts und/oder Notars einzuholen.

Bei der Ausgestaltung des Regelwerks sollten folgende Überlegungen auf jeden Fall auf den Prüfstand gestellt werden:

- Wer könnte im Notfall vorübergehend oder dauerhaft das Unternehmen weiterführen?
- Gibt es einen Familienangehörigen, einen Mitarbeiter oder einen Externen, der diese Funktion vertrauensvoll wahrnehmen könnte?
- Muss eventuell die Unternehmensführung auf mehrere Personen verteilt werden?
- Wer weiß über aktuell anstehende Aufträge Bescheid? Wer kennt die Kunden? Wer die Lieferanten? Wer ist mit den wichtigsten Projekten vertraut?
- Wer hat Bankvollmachten? Gibt es Personen, die schon einen Überblick über die Konten haben? Wer kennt die entsprechenden Passwörter vom PC oder Codes? Wer kommt an Schlüssel heran?
- Steht ein Unternehmensnachfolger bereit? Muss er eingearbeitet werden? Oder kann in der Übergangszeit auch ein anderer das Unternehmen führen?
- Gibt es im Unternehmen einen Beirat? Soll ein solches Gremium eingerichtet werden?
- Ist ausreichende Vorsorge für den Lebenspartner und für die Kinder getroffen worden?
- Gibt es mehrere Erben und müsste das Unternehmen auf sie aufgeteilt werden?
- Ist ausreichendes Vermögen vorhanden, um Pflichtteilsansprüche der Erben zu befriedigen?

Gibt es schon Regelungen, wie das Vermögen aufgeteilt wird? Sollten Pflichtteilsverzichte mit möglichen Erben besprochen werden?

- Wie hoch kann die anfallende Erbschaftsteuer sein? Entzieht sie dem Unternehmen wichtige Liquidität? Wie kann vorgesorgt werden?

Darüber hinaus sind weitere Punkte individuell zu klären. Dabei ist es sinnvoll, Familienangehörige und Mitarbeiter, die in den Notfallplan eingebunden werden sollen, bei der Ausgestaltung einzubeziehen, zumindest aber diese Personen über die Existenz des Notfall-Handbuchs zu informieren.

Weisungen und Vollmachten

Für den Fall, dass du über einen kürzeren Zeitraum oder dauerhaft nicht handlungsfähig bist, sollten geeignete Vertrauenspersonen, die die Geschäfte weiterführen, benannt werden. Sie werden die Geschäftsführung übernehmen, bis du wieder „an Bord" bist oder ein Nachfolger eingearbeitet ist.
Diese Vertrauenspersonen sollten mit den notwendigen Vollmachten ausgestattet sein. Dies kann durch die zeitlich befristete Erteilung von Vollmachten geschehen oder mit der Erteilung von Prokura.

Bei einer Gesellschaft mit beschränkter Haftung ist es notwendig, eine Vertrauensperson zu benennen, die die Gesellschafterrechte in der Gesellschafterversammlung ausübt. Damit die Person handlungsfähig ist, muss sie mit den notwendigen Stimmrechtsvollmachten ausgestattet sein.
Da bei Erteilung der Prokura oder von Vollmachten eine Reihe gesetzlicher Bestimmungen gelten, solltest du auch einen Rechtsanwalt zur Beratung hinzuziehen.

Sofern (derzeit) keine Prokura oder Handlungsvollmacht erteilt wird, sollte die notwendige Generalvollmacht oder die Geschäftsvollmacht im Notfall-Handbuch oder an einem anderen sicheren Ort hinterlegt werden.
Das betrifft selbstverständlich auch die private Ebene, denn solange ein Erbe (auch der Ehepartner) einen Erbschein oder ein Testament nicht vorlegen kann, ist er auch nicht berechtigt zu handeln. Bei einer GmbH können sich somit die Erben auch nicht als Geschäftsführer bestellen.

Wie du hier lesen kannst, sind sehr viele Details zu bedenken und zu klären. Das weiß ich aus eigener Erfahrung.

**Die Kunden meines Coachings zur Exit-Strategie und Nachfolge bekommen
von mir solch einen Notfallplan zur Verfügung gestellt.
Viele Unternehmer gefährden ihr Lebenswerk, wenn sie das Thema Exit-Strategie und Unternehmensnachfolge nicht geklärt haben.**

Für Nachfolgeregelungen gibt es nie ein „zu früh", sondern oft ein „zu spät".
30 Prozent der Generationswechsel in Familienunternehmen erfolgen ungeplant und unerwartet. 8 Prozent der Unternehmen werden jedes Jahr mangels
Nachfolger liquidiert.

Oft passiert es nach Informationen meines Rechtsanwaltes, dass fehlende
oder mangelhafte Vorkehrungen für den „Tag danach" ein Unternehmen in
Schieflage oder in eine Existenzkrise brachte.

**Denke also bitte ab heute daran, dass die Handlungsfähigkeit deines Unternehmens immer gewährleistet sein muss – egal was passiert.   Triff
bitte heute die notwendigen Vorkehrungen, damit du nie die Kontrolle über
das verlierst, was du mit eigenen Händen und Ideen aufgebaut hast.**

Was ist eine Exit-Strategie?

Die Betriebswirtschaftslehre (BWL) definiert Exit-Strategie:
Eine Exit-Strategie ist im Grunde genommen ein Geschäftsplan, der von einem Unternehmen erstellt wird, um Geschäftsbeziehungen zu beenden, Vermögenswerte zu verkaufen oder das Unternehmen gänzlich zu schließen.

Verschiedene Unternehmen haben unterschiedliche Exit-Strategien, abhängig
von ihrem jeweiligen Geschäftsumfeld und von ihren Geschäftszielen. Manchmal wird die Exit-Strategie bereits in der frühen Planungsphase identifiziert
und in den Businessplan integriert.

Hast du einen Business-Plan mit Exit-Strategie? Sei bitte ehrlich zu dir!

<u>Kernkomponenten einer Exit-Strategie</u>

Die Entwicklung einer solchen Strategie erfordert eine gründliche Analyse und Planung. Zunächst sollten die möglichen Auslöser für einen Exit klar definiert werden. Unter einem „Exit" versteht man den geplanten Ausstieg aus einem Unternehmen oder einer Beteiligung.

Dies könnten finanzielle Veränderungen, Marktverschiebungen oder Änderungen in der Unternehmensstrategie sein. Anschließend geht es darum, die aktuellen Verpflichtungen und potenziellen Risiken zu bewerten, die mit einem Exit verbunden sind. Dazu gehören vertragliche Bindungen, finanzielle Verpflichtungen und die Auswirkungen auf die Stakeholder. Eine wirksame Strategie erfordert auch einen konkreten Aktionsplan. Dieser umfasst Maßnahmen wie die Abstimmung mit Beteiligten, die Zuweisung von Zuständigkeiten und die Gewährleistung der Korrektheit der Daten.

Eine mögliche Gliederung für die Entwicklung einer Exit-Strategie könnte wie folgt aussehen:
- Einführung
- Ziel und Zweck der Exit-Strategie
- Geltungsbereich und Anwendungsbereich der Exit-Strategie
- Beschreibung der aktuellen Situation
- Entwicklung verschiedener Exit-Szenarien basierend auf den Zielen und Anforderungen
- Bewertung und Vergleich der Exit-Szenarien anhand der Erfolgskriterien
- Festlegung von Prioritäten und Erfolgskriterien für den Exit
- Projektplan und Kommunikationsplan
- Zusammenfassung

<u>**Umsetzung und Anpassung**</u>

Die erfolgreiche Umsetzung einer Exit-Strategie hängt von der Flexibilität und Anpassungsfähigkeit des Unternehmens ab. Regelmäßige Überprüfungen und Anpassungen der Strategie sind unerlässlich, um auf veränderte Bedingungen reagieren zu können. Die Einbeziehung von Mitarbeitern aus verschiedenen Abteilungen sowie von externen Beratern kann wertvolle Einblicke und Expertise bieten, die den Exit-Prozess erleichtern.

Der Exit durch Übergabe deiner Firma an einen geeigneten Nachfolger ist die umfassendste und spannendste Exit-Strategie, die du am Ende deiner Selbstständigkeit organisieren und durchziehen musst. Der Prozess meines Firmenverkaufs zog sich über insgesamt vier bis fünf Jahre hin.

Ich bin überzeugt, dass jeder Unternehmer, auch jeder niedergelassene Arzt, diesen Prozess für sich erfolgreich gestalten kann, wenn er sich die entsprechend notwendige Zeit gibt.

7. <u>Schluss und Ausblick</u>

<u>Schlusswort</u>

Ich hoffe, dass du beim Studium dieses Buches erkennen konntest, dass eine erfolgreiche Kommunikation unser wichtigstes Instrument im Umgang mit anderen Menschen ist. Im Leadership ist gelungene Kommunikation der Grundbaustein für unseren Erfolg.

Wenn du im Alltag die 4-Schritte-Delfin-Strategie anwendest, dann wirst du der Leader, den deine Mitarbeiter und deine Firma brauchen. Du hast im Ergebnis immer zufriedene Kunden und loyale Mitarbeiter, die stets ihr Bestes für die Firma geben. Das Unternehmen hat Erfolg und bleibt zukunftsfähig. Wenn du dich mit der SDWA-4-Analyse und den META-Techniken selbst besser kennengelernt hast, dann wirst du auch in jedem Gespräch dein Gegenüber schneller und besser einschätzen. Auch kannst du jedes Gespräch mit Leichtigkeit zum gewünschten Abschluss bringen.

Ich arbeite momentan an dem Workbook zu meiner 4-S-D-Strategie als einfach umzusetzende Führungsstrategie für mittelständische Unternehmen. Es wird im Herbst erscheinen und soll dich dabei unterstützen, schnell in die erfolgreiche Umsetzung zu kommen.

Ich wünsche dir viel Spaß beim Arbeiten mit diesem Buch und bei der Umsetzung.

Dein *Joachim Knabe im Mai 2024*

Kommunikation und Leadership – diese zwei Fertigkeiten gehen bei einem guten Leader des 21. Jahrhunderts Hand in Hand. Denn die Menschen sind die Basis für erfolgreiches Leadership. Als guter Leader musst du die Beweggründe deines Teams verstehen und es ihm ermöglichen, das zu tun, was es braucht, um euer gemeinsames Ziel zu erreichen. Du musst Teil dieses Teams sein, die Basis für eure gute Verbindung ist eure Kommunikation. Die Gespräche mit den Mitarbeitern, dein Interesse für ihre Probleme, deine Präsenz und die Erreichbarkeit sind die wesentlichen Voraussetzungen für den Ausbau deiner Führungsqualitäten und für euer Vertrauen.

Stell dir bitte jetzt zum Schluss einmal folgende acht Fragen:

- **Weiß ich schon, wie ich wirklich ticke?**
- **Kann ich die Persönlichkeit und fachlichen Fähigkeiten jedes Mitarbeiters objektiv einschätzen?**
- **Ist jeder Mitarbeiter an der richtigen Position?**
- **Was motiviert mein Team?**
- **Bin ich schon der authentische Leader?**
- **Was frustriert meine Mitarbeiter?**
- **Was macht sie stolz?**
- **Was beschäftigt sie?**

Die Beantwortung dieser Fragen verbessert deine Kommunikation und Leadership-Qualitäten.

<u>**Ausblick- Was habe ich noch vor?**</u>

Ich habe eine eigene Erfolgsformel entwickelt:
t=tun/time/trust

```
        |-----------------------t--------------------->
        E         =         Z        x        B
     Erfolg       =        Ziele     x     Begeisterung
                         (-bewusstsein)
```

Diese Formel wird einer der Hauptinhalte meines nächsten Buches.
Ich werde dir darüber berichten, was Erfolg für mich bedeutet und wie du leichter deine Erfolge erzielen kannst. Es geht um meine zehn Erfolgsprinzipien, um Ziele und Begeisterung, die wir brauchen, um glücklich zu werden, zu sein und zu bleiben.

Es geht um:

- **Große Ziele setzen**
- **Kundenbegeisterung**
- **Mitarbeitermotivation**
- **Mehrwert**
- **Positionierung**
- **Weiterentwicklung**
- **Strategie**
- **Wachstum**
- **Ausdauer**
- **Planung und Exit-Strategie**

Ich werde auch die Erfolgsverhinderer:
Prokrastination und Aufschieberitis entlarven.
Bleib also gespannt und neugierig!

Danke für deine Ausdauer bis hierher.

<u>Zitate zu diesen Themen:</u>

„Schwierigkeiten brechen manche Männer – und machen andere erst zu Männern!"

Nelson Mandela

„Auch aus Steinen, die dir in den Weg gelegt werden, kannst du etwas bauen!"

Unbekannt

„Riskiere mehr, als andere für sicher halten. Träume mehr, als andere es für praktisch halten!"   *Howard Schultz*

„Erfolg beginnt damit, deine Gedanken zu meistern. Wenn du nicht kontrollierst, was du denkst, kannst du auch nicht kontrollieren, was du tust!"

Napoleon Hill

„Wer einmal sich selbst gefunden hat, kann nichts auf dieser Welt mehr verlieren!"

Stefan Zweig

„Du bist nie zu alt, um dir ein neues Ziel zu setzen oder einen neuen Traum zu träumen!"

C. S. Lewis

<u>**Nachwort**</u>

Ich habe mich für diese Nachwort entschieden,
da ich einigen fleißigen Menschen in meinem Umfeld an dieser
Stelle meinen großen Dank aussprechen will.
Ich danke zunächst meinem Freund und Coaching-Partner Rene´
Schröder für seine aktive Unterstützung bei dem Kapitel zur
SDWA-Analyse.
Lieber Rene´, diese einzigartige Methode zur Analyse der Persön-
lichkeit unserer Klienten ist deine Erfindung. Ich bin stolz darauf,
als dein erster SDWA-Profiler ausgebildet worden zu sein. Die
SDWA gibt uns die Möglichkeit, das Mindset unserer Coachees
vollumfassend zu analysieren. Das gibt es so nirgends auf der
Welt. Wir haben hier ein sehr mächtiges Tool an der Hand, das
uns, unsere Tätigkeit und unsere Botschaft weiter voran bringen
wird.
Ich danke meiner Schwiegertochter Lisa für ihre fachliche Unter-
stützung bei der Formatierung der Dokumente.
Ich danke meiner Kollegin Carola für die Unterstützung beim
Schreiben dieses Buches. Einige hier behandelte Tools durftest du
als meine ehemalige Mitarbeiterin schon in der Praxis mit testen.
Ich danke dem BoD und seinen Mitarbeitern -danke liebe Kaja- für
ihre aktive und unkomplizierte Unterstützung beim Lektorat und
bei allen anderen praktischen Fragen.
Ich danke Herrn Michael Schrader, bei dem ich das überarbeitete
Coaching zur 4-S-Delfin-Stategie als erstes testen durfte. Mit dei-
nen Anregungen hast du mir bei der Optimierung der einzelnen

Schulungs-Teile sehr geholfen.

Mein besonderer Dank gilt meinen Freunden von unserem gemeinsamen Buchprojekt aus 2021: Ausgezeichnetes Expertenwissen- Band 1.

Liebe Lisette Jupke und lieber Tim Knobloch, ich danke euch für eure schnelle und sehr professionelle Hilfe bei der Entwicklung eines wirklich ansprechenden Buchcovers.

Wirklicher Erfolg ist niemals einseitig, und du kannst ihn mit einem guten Team viel schneller erreichen. Denke bitte daran, auch dieses Team muss durch einen guten Leader konsequent geführt werden.

Dein Erfolg ist niemals einseitig. Er fängt immer zuerst bei dir und deinem Mindset an. Deine Ziele und deine Vision auf der linken Seite und dein Mindset auf der rechten Seite - das sind die Leitplanken deiner Erfolgsautobahn.

Du darfst deinen äußeren Erfolg niemals über deine inneren Werte und Bedürfnisse stellen. Dein innerer Erfolg entspricht unserem natürlichen Antrieb, die guten Eigenschaften weiterzuentwickeln und zu leben, die in uns angelegt sind: Dankbarkeit, Liebe, Frieden, Lebensfreude, Weisheit, Demut, Verantwortung und Hilfsbereitschaft.

Beachte dies auch immer bei der Entwicklung deines eigenen Leadership-Stils. Wenn ich dich dabei etwas mit meinen Lehren unterstützen kann, dann ist meine Vision erfüllt.

Sangerhausen, den 04.08.2024

Dein Joachim Knabe

<u>Literaturverzeichnis und Quellenangaben:</u>

-**Bodo Schäfer**: „Die Gesetze der Gewinner"
ISBN: 978-3-936135-88-6
- **Dale Carnegie**: „Sorge dich nicht-lebe"
ISBN: 139783596506927
-**Karl Gustav Jung**: „Archetypen: Urbilder und Wirkkräfte des kollektiven Unbewussten" ISBN: 109783843610889
-**D-I-S-G-Modell**: https://de.wikipedia.org/wiki/DISG
-Big Five: https://de.wikipedia.org/wiki/Big_Five _(Psychologie)
-**Jörg Löhr**: „Lebe deine Stärken" 2004
ISBN: 3-430-12345-6
-**Simon Sinek** „Start with Why: How Great Leaders Inspire Everyone to..", ISBN: 978-1-59184-644-4
-**Simon Sinek** „ Gute Chefs essen zuletzt: Warum manche Teams funktionieren – und andere nicht", ISBN: 978-3-86881-662-4
-**Boris Grundl**: „ Leading Simple: Führen kann so einfach sein"
ISBN: 978-3-96739-070-4
-**Rene 'Schröder**:" Freiheit Der Weg zur persönlichen Autonomie"
ISBN: 978-3-7597-1209-7
- **Kim Cornelius Detloff**: „Entdecke die Delfine"
- **Jenny Kellett, Philipp Goldmann**: „Delfin-Bücher: Das Ultimative Delfin-Buch für Kinder: ISBN: 978-619-264-039-2
-**Claire W. Graves**: „SEIN LEBEN, SEIN WERK: Die Theorie menschlicher Entwicklung", ISBN:

- **Don Edward Beck, Christopher C. Cowan** : „Spiral Dynamics -
Leadership, Werte und Wandel: Eine Landkarte für Business und
Gesellschaft im 21. Jahrhundert: ISBN: 978-3-89901-107-4

- **Don Edward Beck, Christopher C. Cowan** : „Spiral Dynamics -

Über den Autor Joachim Knabe

Joachim Knabe hat an der Technischen Universität Ilmenau Medizintechnik studiert und danach 10 Jahre in einer Klink gearbeitet, um das Gelernte zu vertiefen und umzusetzen. Hier sammelte er erste Erfahrungen im Leadership in verschiedenen Leitungsfunktionen.

Danach war er über 30 Jahre als erfolgreicher Unternehmer im Bereich Medizinischer Fachhandel und Sanitätshaus tätig. Dabei konnte er seine Fähigkeiten im Leadership aktiv erlernen und vertiefen. Er entwickelte sich als der Experte und Unternehmensführer aus der Praxis für die Praxis.

Seit einigen Jahren ist er mit seiner zweiten Firma „CoPrax" im Bereich Coaching von Ärzten und Unternehmern begleitend tätig. Durch zahlreiche Weiterbildungen bei den besten deutschen Erfolgstrainern konnte er sein Wissen auf diesem Gebiet festigen. Im Jahr 2020 organisierte er während der Corona Pandemie einen Online-Kongress für niedergelassene Ärzte. Hier verstärkte sich dann sein Engagement und seine Leidenschaft für das Coaching.

Ende 2023 verkaufte er seine Haupt-Firma und konzentriert sich seitdem auf die Leidenschaft, seine Führungs-Erfahrungen weiterzugeben und Unternehmen zu helfen, Menschen besser persönlichkeitsbezogen zu führen.

Er ist Erfinder der 4-Schritte-Delfin-Strategie für mittelständische Unternehmen.
Im Buch „Ausgezeichnetes Expertenwissen" Band 1, erschienen im Bourdon Verlag 2021, war er schon als Autor erfolgreich.

Sein Workbook zu diesem Buch ist bereits fertig und wird ebenfalls noch im September 2024 erscheinen.

Weitere Bücher zum Leadership sind in der Planung.

Schau bitte mal nach seinen Online-Kursen auf der Homepage:

www.joachimknabe.de

Da gibt es den kostenlosen Strategieplaner für die Arbeit an deinen Zielen.

Weiterhin kannst du die SDWA 4-Persönlichkeitsanalyse buchen.

Der Online-Kurs zur 4-S-Delfin-Strategie wird im August 2024 noch fertiggestellt.